Marie L. McLaughlin

Wir suchen das Feuer und lernen vom Wind

HERDER / SPEKTRUM

Band 4550

Das Buch

Alte Frauen und Männer aus dem Stamme der Sioux haben der Herausgeberin, die als Kind unter ihnen aufwuchs, diese Geschichten aus einer uralten Tradition noch selber erzählt. Sie wurden am Lagerfeuer weitergegeben oder in den Zelten des Stammes, und sie sind voll von einer Melodie einer vergangenen Lebensform, von einer elementaren, alten und intimen Weise, die Natur zu sehen, mit ihren geheimnisvollen Kräften vertraut umzugehen. Sie sagen auch, was das Herz der indianischen Kultur ausmacht: Märchen, Naturmythen, Tiergeschichten und außergewöhnliche Begebenheiten aus dem indianischen Leben. Tod und Trauer spielen eine Rolle, aber auch ihre Überwindung. Vermeintliche Toren sind die wahrhaft Weisen. Auch die Kleinen können durch List die Starken überwinden. Der tyrannische Bär wird von dem ängstlichen Kaninchen ausgetrickst. Die Gesellschaft, von der erzählt wird, kennt keine soziale Trennung zwischen arm und reich. Liebe spielt eine große Rolle, auch wenn sie enttäuscht wird. Und Freundschaft steht im Zentrum, die immer wieder siegt, auch wenn sie auf die Probe gestellt ist. Und immer wieder erzählen die Texte von der tiefen Zuneigung zwischen Mensch und Tier. Kaninchen und Krähen, Elche und Bären treten auf. Und die typischen Figuren aus der indianischen Erzähltradition führen durch die Geschichten. Eine Begegnung mit einer anderen Welt, ihrem großen kulturellen Reichtum und ihrer tiefen Humanität.

Die Herausgeberin

Marie L. McLaughlin, geb. 1842, hat die Mythen und Legenden der Sioux 1913 aufgeschrieben. Sie war zu einem Viertel Indianerin; ihre Großmutter gehörte zum Stamm der Sioux. Da sie bis zu ihrem 14. Lebensjahr bei den Indianern aufwuchs und auch später mit ihrem Ehemann in der Nähe des Stammesgebietes lebte, beherrschte sie ihre Sprache und kannte ihre Geschichten aus „erster Hand".

Der Autor des Vorworts

Frederik Hetmann (Hans-Christian Kirsch), geb. 1934 in Breslau, lebt als freier Schriftsteller in Nomborn/Westerwald. Zahlreiche Editionen zu Märchen und Volkserzählungen aus dem spanischen, iberoamerikanischen, indianischen, keltischen und US-amerikanischen Kulturraum. Bei Herder/Spektrum: Siddhartas Weg. Die Geschichte vom Leben und der Lehre des Buddha (Band 4594)

Marie L. McLaughlin

Wir suchen das Feuer und lernen vom Wind

Die schönsten Mythen und Märchen der Sioux

Aus dem Amerikanischen von Michael Herrmann
Mit einem Vorwort von Frederik Hetmann

Herder
Freiburg · Basel · Wien

Gedruckt auf umweltfreundlichem,
chlorfrei gebleichtem Papier

Deutsche Erstausgabe

Satz: Fotosetzerei G. Scheydecker, Freiburg im Breisgau
Herstellung: Freiburger Graphische Betriebe 1997
Umschlaggestaltung: Joseph Pölzelbauer
Umschlagmotiv aus:
The Illustrated Guide to North American Mythology,
© 1993 Studio, an imprint of Random House UK
ISBN: 3-451-04550-8

In liebendem Angedenken an meine Mutter,
Mary Graham Buisson,
auf deren Knien mir die meisten Geschichten,
die in diesem Buch enthalten sind, erzählt wurden

Inhalt

Anfang und Ende der Welt
Die Nation der Sioux und ihre Mythologie

Beginnen wir mit einer Geschichte, die Lucy Swan, eine Lakota, Mitte der 70er Jahre erzählte: „Es war einmal eine sehr alte Frau, die saß am Rand einer breiten Schlucht und versah eine Büffeldecke mit einem Muster aus aufgenähten Stoffetzen. Die Frau war sehr alt, deswegen ermüdete sie leicht. Neben ihr saß ein alter Hund. Er war so alt, daß er nur noch wenige Zähne hatte. Obwohl er so alt war, war er doch immer noch verspielt. Jeden Tag arbeitete die Frau an der Büffeldecke. Immer wurde sie bald müde und schlief ein. Dann trennte der Hund alles, was sie am letzten Tag geschaffen hatte, wieder auf. Sollte der Hund es aber einmal vergessen oder zu alt werden, kann die alte Frau mit der Decke fertig werden. Das wird dann das Ende der Welt sein."

Dora, Little Warrior, Rooks, erzählte ebenfalls in den 70er Jahren dies:

„Es war einmal ein junger Büffelbulle. – Er hatte vier starke Beine. In den ersten drei Zeitaltern, die vergingen, verlor er drei seiner Beine. Jedes Jahr verliert er ein Haar.

Die Weißen stammen vom Spinnenvolk ab. Sie haben gelernt, Elektrizität zu erzeugen. Die Elektrizität gehörte einst aber allein den *Wakinyan* (den Donner-Wesen).

Um die Elektrizität weithin zu nutzen, erfanden die Weißen Drähte und befestigten diese an Masten. Sie spannten die Drähte überall hin aus. Als die ganze Welt mit Elektrizität versorgt wurde, entstand ein gewaltiges Spinnennetz. Eines Tages wird das Spinnennetz ein großes Feuer verursachen. Das wird dazu führen, daß der Büffel auch noch das letzte Bein verliert und niederstürzt. Dann ist die Welt zu Ende."

Aus diesen beiden Geschichten läßt sich viel über das Bewußtsein der Sioux heute ablesen. Was den zweiten Text angeht, so sind es nicht immer die Elektrizität oder ihre Steigerung, die Atomkraft, die zu Katastrophe führen; aber immer wird der Büffel durch einen Fehler des Menschen zu Fall gebracht. Die Weißen stehen in Verbindung mit dem Spinnen-Trickster Iktomi.

Ein Trickster ist ein Wesen, das Streiche spielt. Unser Wort „Trick" steckt in der Bezeichnung. Psychologisch gesehen scheint der Trickster erfunden worden zu sein, um das Ungenügen des Menschen in seinem Universum auf kleinere Wesen abzuladen. Diese besiegen dann in den entsprechenden Geschichten die Großen durch eine List. Und der Zuhörer hört diesen Vorgang erfreut mit an.

Trickster beteiligen sich aber auch als Kulturgüter bringende Helden.

Der Spinnen-Trickster verhalf also den Weißen zu ihrer auf ein Naturvolk zauberhaft wirkenden Technologie. Zugleich aber sagt die Geschichte etwas aus über die Einstellung der Lakota zu den Donnerwesen. Man muß ihnen Achtung entgegenbringen, man darf nicht mit ihnen spielen, sonst zeigen sie ihr gefährliches Gesicht. Solch „Spiel" mit den Kräften der Natur aber scheint in der weißen Welt im Zeitalter der Atomspaltung und Gen-Manipulation Selbstverständlichkeit geworden zu sein.

Derart sollte man sich angewöhnen, indianische Geschichten von heute oder aus jüngster Vergangenheit, die auf den ersten Blick harmlos-naiv wirken, zu lesen und zu entschlüsseln.

Ehe ich auf die in diesem Buch von der amerikanischen Autorin Marie L. McLaughlin versammelten Texte eingehe, scheint es mir nötig, für jene mit indianischer Kultur und Mythologie nicht vertrauten Leser ein paar Informationen zu geben.

Die uns bekannte Geschichte der Sioux (heute besser Lakota) beginnt zur Zeit der Entdeckung Amerikas durch Kolumbus in North Carolina, wo sie als kleines Volk der Waldindianer ansässig waren.

Das Leben der Sioux damals hat man sich etwa so vorzustellen: „Die Männer verfolgten Rot- und Kleinwild in den Wäldern; die Frauen waren mit Kanus auf den Seen und Flüssen unterwegs und sammelten Indianerreis. Einige der Frauen bauten vielleicht ein wenig Mais an. Nur gelegentlich müssen die Jäger der Sioux ihre Jagdzüge auch mit der Erbeutung eines Bisons gekrönt haben. Der Wert des Bisons als wirtschaftliches Gut lag sofort auf der Hand. Hier hatte man ein Tier, das nicht nur reichlich Nahrung lieferte, sondern auch Material für Obdach und Kleidung."

Hundert Jahre später finden wir die Sioux tausend Kilometer weiter nordwestlich auf den bisonreichen Prärien. Das Gebiet der Nation erstreckte sich zur Zeit ihrer größten Ausdehnung vom Platte River nach Norden zum Heart, einem Quellfluß des Missouri und vom Missouri nach Westen bis zu den Big Horn Mountains.

Auf den Plains werden die Sioux als Krieger und Bisonjäger für die nach Westen drängenden Weißen zum Symbol des Indianischen schlechthin.

Nach Royal B. Hasrick wurde der Bison, von dem es im Westen und Süden damals größere Herden gab, zum Anstoß für die Wanderung der Sioux. Mit Einführung des Pferdes bis 1750 werden aus den ehemaligen Waldindianern endgültig berittene Bisonjäger. Und das bleiben die Sioux bis zur Ausrottung des Büffels durch die Weißen im letzten Drittel des 19. Jahrhunderts.

Geschichtlicher Endpunkt der freien Prärieindianer ist das Massaker an 350 Sioux unter dem kranken Häuptling Big Foot am 29. 12. 1890 durch Kampfverbände der U.S. Army am Wounded Knee Creek. 1973 führt die symbolische Besetzung von Wounded Knee durch die Nachfahren der Ermordeten zu einem schweren Konflikt zwischen der US-Regierung und Aktivisten der politisch-religiösen Indianerbewegung. Immerhin wird dabei die Weltöffentlichkeit auf die schwierige Situation, in der die Reste der Sioux-Nation sich befinden, aufmerksam gemacht. Erschreckend der Fall des Yellow Thunder in Gordon, Nebraska im Februar 1972. Der 52jährige Oglala wurde von Weißen gezwungen, auf der Bühne des Veteranenvereins „American Legion" nackt indianische Tänze vorzuführen. Zwei Tage später fand man ihn tot und kastriert im Kofferraum eines Autos. Die Täter wurden zwar angeklagt, befanden sich aber einen Monat später schon wieder auf freiem Fuß. 1980 legten Vertreter der Sioux Nation beim IV. Russel Tribunal in Rotterdam Zeugnis über Genozid und Ethnozid an ihrer Nation ab.

Aufsehen über die USA hinaus erregte auch das Frame-up des FBI im Fall des Leonard Peltier und dessen Anerkennung durch Amnesty International als politischer Gefangener Nr. 89637-132, der im Sicherheitstrakt von Marion III, Illinois, einsaß. Von da an nahm in den verschiedenen kleinen Reservationen der Sioux-Nation, in denen um 35 800 *Ameri-*

can Natives leben, die Praktizierung des Sonnentanzes als Selbstopferhandlung und Erlösungsritual wieder zu.

Diese wenigen Fakten aus der Geschichte der Sioux lassen vielleicht auch ahnen, warum indianischen Mythen und Märchen als kulturelles Erbe heute eine ganz besondere Bedeutung zukommt. Dieses Erbe ist einmal Hinweis darauf, welches Bewußtsein in den indianischen Nationen vor Eintreffen der Weißen herrschte, zum anderen sind diese Texte wichtig im Hinblick auf die Lebendigerhaltung und Vermittlung indianischer Traditionen für heute und morgen. Indianer wären nicht das erste Volk, das durch seine Mythen und Märchen kulturell überlebt. In Europa sind die Iren ein uns geographisch näher liegendes Beispiel. Indianer sind auch ein Modellbeispiel für das Schicksal eines Stücks Dritter Welt inmitten der mächtigsten westlichen Industrienation.

Es ist hier nicht Raum, ausführlich über die differenzierten religiösen Vorstellungen der Sioux-Nation zu berichten. Sie spielen aber für die Beurteilung und Einschätzung der Texte in diesem Buch insofern eine wichtige Rolle, da es sich bei diesen selten um Märchen im strengen Definitionssinn, sondern meist um Mythen, um Erfahrungsberichte über den Einbruch des Numinosen in die reale Welt oder um Geschichten über das angemessene soziale Verhalten innerhalb von Familie, Stamm und Nation handelt. Die ernsthafte Beschäftigung der weißen Wissenschaft mit solchen „Tales“ (Erzählungen, Geschichten) beginnt im Fall der Sioux relativ spät, nämlich mit einer Mythensammlung von James R. Murie, Pawnee, Ethnograph und episkopaler Christ, in den 80er Jahren des 19. Jahrhunderts, und 1893 mit der *Dakota Grammar* von Stephen Return Riggs, der in seiner Sichtweise der indianischen Mythologie noch ganz und gar in griechisch-abendländischen Vorstellungen befangen war. Auch der Arzt und Ethnograph J. R. Walter, der einige Jahre später mit Medizinmännern als Quellen arbeitete und versuchte, eine systematische Mythologie der Sioux zu erstellen, zieht noch den Vergleich mit den Mythen Ägyptens, Griechenlands und Roms. 1930 schickte der berühmte Völkerkundler und Anthropologe Franz Boa seine Studentin Ella Deloria, selbst eine Sioux, nach Süd-Dakota, um untersuchen zu lassen, ob dort die von Walker aufgezeichneten Geschichten bekannt seien. Das war nicht der Fall. Möglicherweise stellten sie das geheime Wissen einer Gruppe von Schamanen dar. Immerhin erwähnt dann 1970 der Medizinmann Lame Deer eine dieser Geschichten.

Was nun Marie L. McLaughlins Sammlung aus dem Jahre 1913 angeht, so kann man an deren Widmung für ihre Mutter Graham Buisson, „auf deren Knien mir die meisten Geschichten in diesem Buch erzählt wurden", den Grad ihrer Authentizität ablesen. Marie McLaughlin macht geltend, daß ihre Großmutter eine Sioux war. Deren Ehemann, Major James McLaughlin, war Indiander-Agent, also Verwaltungsbeamter der US-Regierung, in der Devils Lake Agency, der Vorstufe zur Reservation. Sie erwähnt weiter, daß die Indianer zu dieser Zeit sich gerade den Militärbehörden ergeben hatten und von diesen mit Dampfbooten auf dem Missouri in die Standing Rock Agency umgesiedelt worden waren. Offenbar bewundert sie die Indianer, was nicht unbedingt bedeuten muß, daß sie deren Kultur sehr genau gekannt hat. Vielmehr gibt es Hinweise, daß sie auch ein Kind ihres, des viktorianischen Zeitalters gewesen ist. Sie charakterisiert im Vorwort zur amerikanischen Ausgabe dieser Sammlung die Sioux als „stolz und kindlich, würdig aber einfach und primitiv."

Gewiß reproduzieren die von ihr aufgezeichneten Texte

durchgehend Motive aus Mythen der *Plains Indians*, auch wenn sie nicht alle tatsächlich aus der Sioux-Nation stammen sollten. Ein „Hauch viktorianischer Moralität", auf den John Bierhorst in seiner „Mythologie der Nordamerikanischen Indianer" im Zusammenhang mit den Texten von Lame Deer und Walker kritisch hinweist, ist auch in unserem Fall nicht zu übersehen. Dennoch präsentiert sich in den Geschichten ein gutes Stück Lebenswelt der Prärieindianer. Die Geschichten belegen vor allem, welch wichtige Bedeutung dem Verhältnis Mensch/Tier zukam, wie es magisch besetzt war, und wie Ängste und Hoffnungen erzählerisch reflektiert werden.

Wenn viele der Sioux-Mythen früher vom Beginn, der Schöpfung der Welt, ihrer Lebewesen und ihrer Dinge handelten, so ist in den letzten Jahrzehnten – siehe die Geschichte am Anfang unserer Einleitung! – häufig vom Ende der Welt, dessen Vorzeichen und Ursachen, die Rede. Der Leser in der Welt des Weißen Mannes mag selbst entscheiden, wie er diese Tatsache deuten und welches Gewicht er ihr beimessen will.

Frederik Hetmann — Nomborn, Frühjahr 1997

Wie die Indianer lernten, Vorräte zu lagern

In einem tiefen Wald, weit von den Dörfern seines Volkes, lebte ein Einsiedler. Sein Zelt war aus Büffelhäuten, und seine Kleidung bestand aus Hirschleder. Weitab von den Plätzen der Menschen war dieser alte Einsiedler zufrieden, seine Tage zuzubringen.

Den ganzen Tag über wanderte er durch den Wald, untersuchte die verschiedenen Pflanzen in der Natur und sammelte wertvolle Wurzeln, die er als Arznei verwendete. In langen Abständen kamen Krieger zum Zelt des Einsiedlers und holten heilkräftige Wurzeln für ihren Stamm, denn die Arzneien des alten Einsiedlers galten allen anderen als weit überlegen.

Einmal kam der Einsiedler nach langem Umherstreifen im Wald spät nach Hause, und da er sehr müde war, legte er sich sofort nieder und war soeben dabei, in den Schlaf hinüberzugleiten, als er spürte, wie etwas gegen seinen Fuß rieb. Er schreckte hoch und gewahrte ein dunkles Etwas, und ein Arm streckte sich ihm entgegen, mit einem Pfeil mit Feuersteinspitze in der Hand.

Der Einsiedler dachte: „Das muß ein Geist sein, denn es gibt hier kein menschliches Wesen außer mir selbst!“ Dann sprach eine Stimme: „Einsiedler, ich bin gekommen, dich in mein Haus einzuladen.“ „How – ja – ich werde kommen“, sagte der alte Einsiedler. Mit diesen Worten erhob er sich, warf sein Gewand über und folgte.

Draußen hielt er an und blickte um sich, konnte jedoch keine Spur von dem dunklen Gegenstand erkennen.

„Wer oder was auch immer du bist, warte auf mich, da ich nicht weiß, wohin ich gehen soll, um dein Haus zu finden." Es kam keine Antwort, und es war auch kein Geräusch zu hören, wie es entsteht, wenn jemand durch Gebüsch geht. Er kehrte zu seinem Zelt zurück, legte sich nieder und fiel bald in tiefen Schlaf. Die nächste Nacht ging es ebenso, und der Einsiedler folgte dem Ding ins Freie, nur um abermals zurückgelassen zu werden.

Er war sehr zornig bei dem Gedanken, daß irgend jemand sich einen Spaß mit ihm erlaubte, und beschloß herauszufinden, wer das wohl wäre, der da seinen Schlaf störte.

Am nächsten Abend schnitt er ein Loch ins Zelt, groß genug, um einen Pfeil hindurchzustecken und stellte sich am Eingang auf die Lauer. Bald näherte sich das dunkle Ding, hielt vor dem Eingang und sagte: „Goßvater, ich bin gekommen ..." Aber es brachte den Satz nicht zu Ende, denn der Alte ließ den Pfeil von der Sehne schwirren und hörte, wie er auf etwas traf, das ein Geräusch hervorrief, als habe er in einen Sack voller Kiesel geschossen. Diese Nacht ging er nicht hinaus, um nachzusehen, was sein Pfeil getroffen hatte. Früh am nächsten Morgen sah er jedoch an der Stelle nach, wo das Ding vermutlich gestanden hatte. Und dort lag ein Häuflein Maiskörner, und von diesem Häuflein ausgehend verlief eine schmale Spur verstreuter Maiskörner einen Pfad entlang. Diesem Pfad folgte der alte Mann tief in den Wald hinein. An einer ganz kleinen Erhebung endete die Spur. Am Ende der Spur befand sich ein großer Kreis, aus dem das Gras sauber herausgekratzt worden war.

„Die Maisspur endet am Rand dieses Kreises, also muß dies das Heim dessen sein, der mich eingeladen hat, wer auch immer es sein mag." Er zog sein Messer aus Knochen und seine Axt und begann, in der Mitte des Kreises zu graben. Als er bis zur Tiefe seines Armes vorangekommen war, stieß er auf einen Sack voll getrocknetem Fleisch. Als nächstes fand er einen Sack voll Rüben, dann einen Sack mit getrockneten Kirschen und daraufhin einen Sack voll Mais. Und zuletzt fand er noch einen Sack, der war leer bis auf eine Handvoll Maiskörner in einer Ecke. Und in der anderen Ecke hatte dieser Sack ein Loch, wo sein Pfeil getroffen hatte. Aus diesem Loch hatte sich der Mais entlang des Weges verteilt, der den alten Mann schließlich zu diesem Versteck geführt hatte.

Aus den Erfahrungen mit diesem Versteck lehrte der Einsiedler die Stämme, wie sie auf Wanderschaft, und wenn sie überladen waren, mit ihren Vorräten verfahren könnten. Er erklärte ihnen, wie man ein Loch gräbt, wie ihre Vorräte darin unterzubringen sind und wie man sie mit Erde bedeckt. Auf diese Weise pflegten die Indianer den ganzen Sommer über Vorräte anzulegen, und wenn der Herbst kam, so kehrten sie zu ihrem Versteck zurück und fanden dort alles so frisch vor wie an dem Tag, an dem es eingelagert worden war.

Auch gedachte man seiner als dem Entdecker des Maises, der den Indianern unbekannt war, bis er von dem alten Einsiedler entdeckt wurde.

Der geheimnisvolle Hügel

Ein junger Mann befand sich einst auf der Jagd und gelangte an einen steilen Hügel. Die nach Osten gelegene Flanke des Hügels ging jäh in einen Steilhang über. An diesem Steilhang stand er und bemerkte an dessen Fuß eine kleine Höhlung. Als er hinabstieg und sie näher untersuchte, fand er, daß sie groß genug war, um ein Pferd oder einen Büffel aufzunehmen. Zu beiden Seiten des Eingangs waren die Abbilder verschiedener Tiere in den Fels gegraben.

Er betrat die Höhlung, und da lagen, über den Boden verstreut, zahlreiche Armreifen, Pfeifen und viele andere Schmuckgegenstände, als ob sie einer Art von „Großem Geist" geopfert worden wären. Er durchquerte diesen ersten Raum, und beim Betreten des zweiten Raumes war es so dunkel, daß er die Hand nicht vor Augen sehen konnte und Angst bekam. Rasch verließ er den Ort und berichtete, nach Hause zurückgekehrt, von seinem Erlebnis.

Als der Häuptling dies hörte, wählte er vier seiner mutigsten Krieger, die mit dem jungen Mann gehen und nachschauen sollten, ob dieser die Wahrheit gesagt hatte oder nicht. Die fünf gelangten zu dem Hügel, am Eingang weigerte sich der junge Mann jedoch hineinzugehen, da die Abbilder zu beiden Seiten verändert worden waren.

Die vier traten ein, und als sie sahen, daß alles in der ersten Kammer so war, wie es der junge Mann beschrieben hatte, gingen sie weiter zur nächsten Kammer und fanden es darin so dunkel, daß sie nichts erkennen konnten. Sie setzten jedoch ihren Weg fort, indem sie sich an den Wänden entlangtasteten. Schließlich fanden sie einen Eingang, der so eng war, daß sie sich seitwärts hindurchzwängen mußten. Sie tasteten sich an der Wand entlang und fanden einen Eingang, der so niedrig war, daß sie auf Händen und Knien hindurchkriechen mußten, um in die nächste Kammer zu gelangen.

Beim Betreten der letzten Kammer nahmen sie einen sehr süßen Geruch war, der aus entgegengesetzter Richtung kam. Sie tasteten umher, auf Händen und Knien kriechend, und fanden ein Loch im Boden, das nach unten führte. Aus diesem Loch stieg der süße Duft auf. Sie hielten eilig Rat und beschlossen, nicht weiterzugehen, sondern zum Lager zurückzukehren und zu berichten, was sie gesehen hatten. Als sie in die erste Kammer kamen, sagte einer der jungen Männer: „Ich werde diese Armreifen mitnehmen, als Beweis, daß wir die Wahrheit sagen." „Nein", sagten die drei anderen, „da dies der Sitz irgendeines Großen Geistes ist, so könntest du einen Unfall erleiden, wenn du an dich nimmst, was dir nicht gehört." „Ach, ihr Burschen seid wie alte Weiber", sagte er, nahm einen schönen Armreif und streifte ihn über sein linkes Handgelenk.

Nachdem sie das Dorf wieder erreicht hatten, berichteten sie, was sie gesehen hatten, und der junge Mann zeigte den Armreif als Beweis, daß sie die Wahrheit gesagt hatten.

Kurze Zeit danach waren diese vier Männer draußen, um Fallen für Wölfe aufzustellen. Sie hoben dazu das Ende eines schweren Holzes an und stellten eine Astgabel darunter, die das Holz oben hielt. Etwa eineinhalb Meter davon entfernt legten sie ein großes Stück Fleisch und bedeckten den Raum dazwischen mit Stöcken und Weidenzweigen. An der Stelle des nach oben gerichteten Stockes ließen sie eine Öffnung, groß genug für den Körper eines Wolfs. Der Wolf würde das Fleisch riechen, durch die Stöcke und Weidenzweige jedoch nicht herankommen und in das Loch kriechen.

Und indem er sich voranschob, um an das Fleisch zu gelangen, würde er die Astgabel wegschieben, und das schwere Holz würde herabstürzen und den Wolf unter seinem Gewicht festhalten.

Der junge Mann mit dem Armreif legte gerade seinen Köder unter den Holzklotz, als er die stützende Astgabel wegstieß. Das schwere Holz fiel herab auf das Handgelenk, an dem er den Armreif trug. Er konnte sich nicht selbst befreien und rief laut und lange um Hilfe. Seine Freunde hörten ihn schließlich und kamen, um ihm zu helfen, und als sie das schwere Holz anhoben, fanden sie das Handgelenk des jungen Mannes gebrochen. „Jetzt hast du deine Strafe dafür, daß du den Armreif aus der Kammer in dem geheimnisvollen Hügel mitgenommen hast“, sagten sie.

Einige Zeit danach ging ein junger Mann zu dem Hügel und sah, eingegraben in die Wand, eine Frau mit einem Stock in der Hand, mit dem sie eine große Menge Fleisch hochhielt, das quer über einem zweiten Stock lag, welcher unter der Last einer solchen Menge an Fleisch entzweigebrochen war.

Er kehrte ins Lager zurück und berichtete, was er gesehen hatte. Überall um die Figur herum sah er die Hufabdrücke von Büffeln, die ebenfalls in die Wand eingegraben waren.

Am nächsten Tag kam eine riesige Herde Büffel in die Nähe des Dorfes, und viele von ihnen wurden getötet. Die Frauen waren vollauf damit beschäftigt, das Fleisch zu zerlegen und zu trocknen. In einem Lager gab es mehr Fleisch als in jedem anderen, und die Frau hing es an einer langen Zeltstange auf, als diese plötzlich durchbrach und die Frau gezwungen war, das Fleisch mit einer anderen Stange hochzuhalten, geradeso wie es der junge Mann auf dem geheimnisvollen Hügel gesehen hatte.

Nach diesem Ereignis statteten die Indianer dem Hügel wöchentliche Besuche ab und lasen die Zeichen, die ihre Absichten bestimmten, und der Hügel galt seither stets als Prophet des Stammes.

Die wunderbare Schildkröte

Nahe bei einem Dorf der Chippewa lag ein großer See, und in diesem See lebte eine riesige Schildkröte. Sie war keine gewöhnliche Schildkröte, denn oft stieg sie aus ihrem Haus im See empor und besuchte ihre Nachbarn, die Indianer. Die meisten Besuche machte sie bei dem Oberhäuptling, und bei diesen Gelegenheiten blieb sie stundenlang und sprach und rauchte mit ihm.

Da der Häuptling sah, daß die Schildkröte sehr klug war und ihre Rede von großer Weisheit zeugte, faßte er große Zuneigung zu ihr, und wann immer ein schwieriges Thema vor ihn gebracht wurde, sandte er nach der Schildkröte, damit sie ihm bei der Entscheidung helfe.

Eines Tages kam es zu einem großen Mißverständnis zwischen verschiedenen Teilen des Stammes, und beide Seiten ereiferten sich so sehr, daß ein großes Blutvergießen drohte. Der Häuptling war nicht in der Lage, für die eine oder die andere Seite zu entscheiden, und sagte daher: „Ich werde die Schildkröte rufen. Sie wird für euch entscheiden."

Während man die Schildkröte holte, räumte der Häuptling für diese Zeit seinen Sitz, bis die Schildkröte beide Seiten gehört und entschieden haben würde, welche Seite im Recht war. Die Schildkröte erschien und setzte sich auf den Platz des Häuptlings, hörte beiden Seiten sehr aufmerksam zu und dachte lange nach, bevor sie ihre Entscheidung kundtat. Nach langem Nachdenken und sorgfältigem Abwägen der Argumente beider Seiten kam sie zu dem Schluß, zugunsten beider Seiten zu entscheiden. Das würde kein böses Blut verursachen. Sie hielt ihnen eine lange Rede und zeigte, in welchen Punkten beide Seiten im Recht waren, und schloß mit den Worten: „Beide Gruppen sind in einigen Punkten im Recht, in anderen wiederum im Unrecht. Daher sage ich, daß ihr beide gleichermaßen im Recht seid."

Als sie diese Entscheidung vernahmen, erkannten sie, daß die Schildkröte recht hatte, und es erhob sich langer Jubel ob ihrer Weisheit. Der ganze Stamm sah ein, daß es ohne diese weise Entscheidung ein großes Blutvergießen unter ihnen gegeben hätte. Daher machten sie die Schildkröte zu ihrem Richter, und der Häuptling, dem sie gut gefiel, gab ihr seine einzige Tochter zur Frau.

Die Tochter des Häuptlings war das schönste Mädchen des Volkes der Chippewa, und junge Männer aus anderen Stämmen wanderten Hunderte von Kilometern um eine Gelegenheit, sie umwerben und sie zur Frau gewinnen zu können. Alles vergebens. Sie erhörte niemanden und würde nur denjenigen annehmen, den ihr Vater auserwählte. Die Schildkröte war nicht sehr stattlich, aber da sie klug und weise war, entschied sich der Vater für sie, und das Mädchen akzeptierte.

Die jungen Männer des Stammes waren sehr eifersüchtig, aber ihre Eifersucht führte zu nichts: Sie heiratete die Schildkröte.

Die jungen Männer aber trieben ihren Spaß mit dem Schwiegersohn des Häuptlings, indem sie fragten: „Wie kommt es, daß du so einen flachen Bauch hast?" Die Schildkröte antwortete ihnen und sprach: „Meine Freunde, wäret ihr an meiner Stelle gewesen, hättet auch ihr einen flachen Bauch. Dazu kam es folgendermaßen: Die Chippewas und die Sioux lagen in einem großen Kampf miteinander, und die Sioux, zu zahlreich für die Chippewas, töteten diese so rasch, daß die Chippewas um ihr Leben rennen mußten. Ich stand auf seiten der Chippewas, und ein paar der Sioux verfolgten fünf der Unsrigen und kamen rasch näher. Als wir durch hohes Gras kamen, warf ich mich flach aufs Gesicht und drückte den Bauch dicht an den Boden, so daß die Verfolger mich nicht sehen konnten. Sie rannten vorüber und töteten die vier, bei denen ich gewesen war. Nachdem sie zurückgekehrt waren, erhob ich mich – und da war mein Bauch so, wie ihr ihn jetzt seht. Ich hatte mich so fest an den Boden gepreßt, daß er seine ursprüngliche Form nicht wiedergewann."

Nachdem sie die Ursache ihrer Mißbildung erklärt hatte, sagten die jungen Männer: „Die Schildkröte ist tapfer. Wir werden sie nicht mehr behelligen." Kurze Zeit danach griffen die Sioux die Chippewas an, und alle verließen das Dorf. Die Schildkröte konnte nicht so schnell laufen wie die übrigen und wurde zurückgelassen. Da es ein ungewöhnlich heißer Tag im Herbst war, wurde die Schildkröte sehr durstig und schläfrig. Als sie schließlich Wasser roch, kroch sie in Richtung des Ortes, von dem der Geruch ausging, und gelangte an einen großen See, sprang hinein und nahm ein Bad. Danach schwamm sie zur Mitte des Sees, tauchte hinab und, nachdem sie am Grunde ein paar schöne, große Felsen gefunden hatte, kroch sie zwischen die Steine und fiel in Schlaf. Als sie ausgeschlafen hatte, stieg sie wieder an die Oberfläche.

Als sie ans Ufer kam, bemerkte sie, daß inzwischen Sommer war. Sie hatte den ganzen Winter über geschlafen. Die Vögel zwitscherten, und Gras und Blätter verströmten einen süßen Duft.

Sie kroch aus dem Wasser und begann, nach dem Lager der Chippewa zu suchen. Einige Tage, nachdem sie ihr Winterquartier verlassen hatte, traf die Schildkröte schließlich auf das Lager, ging umher auf der Suche nach ihrer Frau und fand sie schließlich an einem Ende des Lagers. Sie stillte gerade ihr Baby, und als die Schildkröte darum bat, zeigte sie es ihr. Als die Schildkröte aber sah, daß es ein niedliches Baby war und ihr in nichts ähnlich, wurde sie böse und ging fort zu einem großen See. Dort begnügte sie sich für den Rest ihrer Tage damit, Fliegen und Insekten zu fangen und sich von Wasserpflanzen zu ernähren.

Der vergessene Maiskolben

Eine Frau der Arikara sammelte einst Mais auf dem Feld, um ihn für den Winter einzulagern. Sie ging von Stengel zu Stengel, drehte und riß die Kolben ab und legte sie in ihre Felldecke, die sie zu diesem Zweck zusammengefaltet hatte. Als sie allen Mais gesammelt hatte und sich zum Gehen wandte, vernahm sie plötzlich eine feine Stimme, wie die eines Kindes, das weint und ruft: „Laß mich nicht zurück! Geh nicht fort ohne mich."

Die Frau staunte. „Was kann das für ein Kind sein?" fragte sie sich. „Welches kleine Kind mag sich in diesem Maisfeld verirrt haben?"

Sie legte die Felldecke ab, in der sie ihre Maiskolben zusammengebunden hatte, und begab sich auf die Suche, fand jedoch nichts und niemanden. Als sie sich abwandte, um zu gehen, hörte sie abermals die Stimme: „Laß mich nicht zurück! Geh nicht ohne mich fort."

Sie suchte lange Zeit. Und schließlich fand sie in einer Ecke des Feldes, verborgen unter den Blättern der Maiskolben, einen einzigen kleinen Kolben. Er war es, der gerufen hatte.

So kommt es, daß seither alle indianischen Frauen ihren Mais sehr sorgfältig sammeln, auf daß auch nicht der kleinste und kümmerlichste Maiskolben dieses kräftigen Nahrungsmittels übersehen oder verschwendet und auf diese Weise das Mißfallen des Großen Mysteriums erregt werde.

Der Mann und die Eiche

Einst lebte ein Sioux-Paar, das zwei Kinder hatte, einen Jungen und ein Mädchen. Jeden Herbst zog diese Familie aus dem Hauptlager fort zu ihrem Winterquartier in einem Wäldchen in einiger Entfernung vom Hauptlager. Dies geschah, weil der Mann ein guter Jäger war und es in der Umgebung eines großen Dorfes, das sein Winterlager aufschlägt, gewöhnlich nur wenig Wild gab. Daher überwinterte der Mann stets für sich allein, um reichlich Wild in unmittelbarer Umgebung seines Lagers zu haben.

Den ganzen Sommer über war er umhergezogen und dem Stamm gefolgt, wo immer es diesen hinzog. Während ihrer Wanderungen in diesem Jahr war ein fremdes Mädchen ins Lager gekommen, das dort keine Verwandten hatte. Niemand schien sonderlich bemüht, sie in seine Familie aufzunehmen, so daß die Tochter des großen Jägers, die Zuneigung zu dem Mädchen gefaßt hatte, sie mit nach Hause nahm und behielt. Sie sprach sie mit Schwester an, und die Eltern bezeichneten sie als Tochter, um ihres eigenen Mädchens willen.

Dieses fremde Mädchen verliebte sich unsterblich in den jungen Mann der Familie. Da sie von den Eltern jedoch als Tochter angesehen wurde, konnte sie ihre Gefühle nicht offen zeigen, da der junge Mann ja als ihr Bruder galt.

Im Herbst, als das Hauptdorf zu einem tiefen Waldgürtel ins Winterquartier zog, verlegte der Jäger sein Lager an einen anderen Ort, zwei Tagesreisen vom Hauptdorf entfernt, wo er von anderen Jägern ungestört sein würde.

Der junge Mann hatte ein eigenes Zelt, das von seiner Schwester, welche ihm sehr zugetan war, stets sauber und ordentlich gehalten wurde. Nach eines langen Tages Jagd begab er sich gewöhnlich in sein Zelt, legte sich nieder und ruhte, und wenn sein Essen zubereitet war, pflegte seine Schwester zu sagen: „Mein Bruder ist so müde, ich werde ihm sein Essen bringen."

Ihre Freundin, die sie mit Schwester ansprach, ging niemals in das Zelt des jungen Mannes. Als der Frühling herannahte, kam eines Nachts eine Frau in das Zelt des jungen Mannes. Sie ließ sich am Eingang nieder und hielt ihr Gesicht bedeckt, so daß es den Blicken entzogen war. Dort saß sie lange Zeit, erhob sich schließlich und ging fort. Der junge Mann hatte keine Vorstellung, wer die Frau sein könnte. Er wußte, daß es bis zum Dorf ein weiter Weg war, und konnte nicht feststellen, woher die Frau gekommen sein könnte. In der folgenden Nacht erschien die Frau abermals, rückte diesmal aber ein wenig näher an die Schlafstelle des jungen Mannes heran. Sie ließ sich nieder und hielt ihr Gesicht bedeckt, wie in der vergangenen Nacht. Niemand sprach ein Wort. Sie saß dort lange Zeit, erhob sich dann und ging. Er war über das Verhalten der jungen Frau sehr verwirrt und beschloß, sich bei ihrem nächsten Besuch zu vergewissern, wer sie sei.

Er entfachte ein kleines Feuer in seinem Zelt und legte ein wenig Eschenholz darauf, um das Feuer lange zu unterhalten, da Eschenholz sehr langsam verbrennt und die Glut lange hält.

In der dritten Nacht kam die Frau wieder und setzte sich noch näher an sein Bett. Sie hielt ihre Decke ein ganz kleines bißchen geöffnet, als er eines der Scheite ergriff und rasch vor ihrem Gesicht vorüberstrich. Da sprang sie auf und verließ eilig das Zelt. Am nächsten Morgen bemerkte er, daß seine Adoptivschwester das Gesicht mit der Decke verhüllt hielt. Als sie jedoch ein wenig Suppe eingoß, fiel durch Zufall die

Decke herab, und er bemerkte einen großen Brandfleck auf ihrer Wange.

So leid tat ihm, was er getan hatte, daß er nicht weiteressen konnte, sondern hinausging und sich unter einer Eiche niederlegte. Den ganzen Tag über lag er dort und starrte in den Baum über sich, und als man ihn zum Essen rief, lehnte er ab und sagte, er sei nicht hungrig, und man möge sich keine Gedanken um ihn machen, da er bald aufstehen und zu Bett gehen würde. Bis weit in die Nacht lag er so da, und als er sich erheben wollte, konnte er nicht, da eine kleine Eiche mitten durch seinen Körper hindurchgewachsen war und ihn fest am Boden hielt.

Als die Familie morgens erwachte, sah man, daß das Mädchen verschwunden war, und als die Schwester hinausging, entdeckte sie ihren Bruder, der durch eine rasch wachsende Eiche am Boden festgehalten wurde. Vergebens sandte man nach den besten Medizinmännern des Stammes, ihre Medizin blieb wirkungslos. Sie sagten: „Wenn der Baum gefällt wird, stirbt der junge Mann."

Die Schwester verzehrte sich vor Gram, hob die Hände zur Sonne und rief: „Großer Geist, erlöse meinen leidenden Bruder. Jeden, der ihn befreit, werde ich heiraten, ob jung oder alt, schön oder häßlich!"

Einige Tage nachdem der junge Mann von seinem Mißgeschick getroffen worden war, kam ein sehr großer Mann zu dem Zelt, dessen Körper von hellem Licht umgeben war. „Wo ist das Mädchen, das versprochen hat, jeden zu heiraten, der ihren Bruder befreit?" „Ich bin es", antwortete das Mädchen.

„Ich bin der allmächtige Blitz-und-Donner. Ich sehe alles und kann einen ganzen Stamm auf einen Schlag töten. Wenn ich meine Stimme ertönen lasse, so brechen die Felsen los und poltern den Abhang hinunter. Die tapferen Krieger verkriechen sich zitternd beim Klang meiner Stimme. Das Mädchen, das du als Schwester aufgenommen hast, war eine Hexe. Sie hat deinen Bruder verzaubert, weil er sie nicht lieben wollte. Auf meinem Weg hierher traf ich sie auf ihrem Weg nach Westen, und da ich wußte, was sie getan hatte, erschlug ich sie mit einem meiner gleißenden Schwerter, und nun liegt sie da, ein Häuflein Asche. Ich werde jetzt deinen Bruder befreien."

Mit diesen Worten legte er seine Hand auf den Baum, der augenblicklich zu Asche zerfiel. Der junge Mann erhob sich und dankte seinem Befreier.

Dann sahen sie eine große, schwarze Wolke heranziehen, und der Mann sagte: „Mach dich bereit, wir werden auf dieser Wolke nach Hause ziehen." Als die Wolke sich dem Mann näherte, der da mit seiner Braut stand, senkte sie sich plötzlich und hüllte die beiden ein. Und mit großem Getöse und unter Blitzen und Donnerschlägen stieg das Mädchen auf und verschwand mit ihrem Blitz-und-Donner-Gatten nach Westen.

Die Geschichte von den zwei jungen Freunden

Es waren einmal in einem sehr großen Indianerlager zwei kleine Jungen, die waren sehr eng befreundet. Einer der Jungen, Chaske mit Namen – das bedeutet Erstgeborener – war der Sohn einer sehr reichen Familie und ging stets in den feinsten indianischen Gewändern gekleidet. Der andere Junge namens Hake – das bedeutet Letztgeborener – war eine Waise und lebte bei seiner alten Großmutter, die sehr bedürftig war und den Jungen daher nicht schön einkleiden konnte. So armselig war der Junge bekleidet, daß die Jungen mit schönen Anzügen ihn beständig hänselten und nicht mit ihm spielen wollten.

Chaske achtete nicht auf die Kleidung der Jungen, die er sich zu Freunden wählte, sondern hielt mit allen Jungen Kontakt, ungeachtet ihrer Kleidung, und beobachtete dabei ihre Veranlagungen. Die gutgekleideten, fand er, waren eitel und eingebildet. Die einigermaßen gekleideten zeigten sich selbstsüchtig und boshaft. Die bescheiden gekleideten jedoch fand er großzügig und wahrheitsliebend, und unter allen diesen wählte er Hake als seinen Koda – das bedeutet Freund. Da Chaske der Sohn des führenden Kriegshäuptlings war, war er bei den übrigen Jungen sehr begehrt, und jeder von ihnen bemühte sich um die Ehre, als Freund und Begleiter des Sohnes des großen Häuptlings auserwählt zu werden. Aber, wie bereits gesagt, Chaske beobachtete sie alle sehr sorgfältig und wählte schließlich Hake, die Waise.

Es war ein glücklicher Tag für Hake, als er zum Freund und Begleiter von Chaske auserwählt wurde. Man brachte den Waisenjungen zur Behausung der Eltern seines Freundes und kleidete ihn in feine Gewänder und Mokassins, denn wenn die Söhne der Indianer jemanden als ihren Freund bezeichnen, so wird dieser Auserwählte als Sohn in die Familie aufgenommen.

Chaske und Hake waren unzertrennlich. Wo der eine auftauchte, war der andere nicht weit. Sie spielten, jagten, stellten Fallen, aßen und schliefen gemeinsam. Die meisten der langen Sommertage verbrachten sie jagend in den Wäldern.

Die Jahre gingen ins Land, und die beiden guten Freunde wuchsen zu stattlichen Männern ihres Stammes heran. Und als die Zeit kam, sich nach einer Frau umzusehen, gingen sie gemeinsam und warben um ein Mädchen. Jeder half dem anderen, die Zuneigung seiner Auserwählten zu gewinnen. Chaske liebte ein Mädchen, die die Tochter eines alten Medizinmannes war. Sie wurde von den übrigen jungen Männern des Stammes sehr umworben, und manches mit Kleidern und feinen Arbeiten aus Stachelschwein beladene Pferd wurde als Geschenk für die Hand seiner Tochter am Zelt des Medizinmannes angebunden. Aber die Pferde wurden, beladen, wie sie festgebunden worden waren, wieder losgebunden, zum Zeichen, daß die Gabe nicht angenommen wurde.

Die Wahl des Mädchens war auf Chaskes Freund Hake gefallen. Obwohl dieser sich nie um seiner selbst willen um sie beworben hatte, so hatte er doch stets süße Worte für sie gefunden und laut seinen Freund Chaske gepriesen. Eines Nachts hatten die beiden das Mädchen getroffen, und auf dem Rückweg war Chaske sehr still, hatte nichts zu sagen und war scheinbar in tiefe Betrachtung versunken. Da er ansonsten heiter, fröhlich und liebenswert veranlagt war, so betrübten sein Schweigen und seine gedrückte Stimmung den Freund gar sehr, und schließlich sagte er zu Chaske: „Koda, was ist über dich gekommen? Immer warst du fröhlich und voller Spaß. Dein Schweigen macht mich betrübt um deinetwillen, und ich weiß nicht, was dich so niedergeschlagen macht. Hat das Mädchen irgend etwas gesagt, daß du dich jetzt so fühlst?"

„Warte bis morgen, mein Freund", antwortete Chaske, „dann weiß ich die Antwort auf deine Frage. Frag mich heute Nacht nichts mehr, denn mein Herz steht gerade in schwerem Kampf mit meinem Verstand."

Hake bedrängte seinen Freund in jener Nacht nicht mehr, konnte jedoch nicht schlafen. Ständig fragte er sich, was Schöne Feder – so hieß das Mädchen, in das sein Freund verliebt war – gesagt haben könnte, um solch eine Veränderung über ihn zu bringen. Hake kam nie auf die Idee, er selbst könne der Grund für die Betrübnis seines Freundes sein, denn es kam ihm auch nie in den Sinn, daß er selbst es sein könnte, in den Schöne Feder verliebt war.

Am nächsten Morgen nach dem Frühstück schlug Chaske vor, in die Prärie hinauszugehen und zu sehen, ob sich nicht die glückliche Gelegenheit böte, eine Antilope zu erlegen. Hake ging hinaus und holte die Herde der Pferde, zusammen über hundert. Sie wählten sich die beiden tüchtigsten Tiere aus, nahmen Pfeil und Bogen, stiegen auf und ritten nach Süden davon.

Hake war überglücklich, als er die Veränderung an seinem Freund wahrnahm. Dessen frühere Fröhlichkeit war zurückgekehrt. Sie ritten etwa acht Kilometer hinaus ins Land, störten eine Herde Antilopen auf und machten sich an eine heiße Verfolgungsjagd. Und weil ihre Pferde sehr gut waren, holten sie die Herde bald ein, und nachdem ein jeder ein Tier seiner Wahl von der Herde abgedrängt hatte, erlegte er es rasch mit einem gezielten Pfeilschuß. Sie hätten leicht noch mehr Antilopen erlegen können, wollten sie jedoch nicht einfach nur aus Spaß, sondern als Nahrung. Sie wußten, daß ihre Pferde auf dem Heimweg nicht mehr würden tragen können und gingen daran, ihre Beute zurechtzumachen.

Nachdem jeder sein Pferd mit der eigenen Beute beladen hatte, sagte Chaske: „Laß uns ein wenig niedersitzen und rauchen, bevor wir uns auf den Rückweg machen. Außerdem muß ich dir etwas erzählen, das ich besser im Sitzen als beim Reiten sagen kann."

Hake kam und setzte sich seinem Freund gegenüber, und während sie rauchten, sagte Chaske: „Mein Freund, wir haben die letzten zwanzig Jahre gemeinsam verbracht. Ich habe dich bisher nicht ein einziges Mal getäuscht, und ich weiß, daß ich dasselbe voll und ganz auch von dir sagen kann. Nie habe ich gesehen, daß du mich hintergangen oder mir die Unwahrheit gesagt hättest. Ich habe weder Brüder noch Schwestern, die einzige Bruderliebe, die ich kenne, ist die Deine. Die einzige Schwesterliebe, die ich jemals erfahren werde, ist die von Schöne Feder, denn Bruder, letzte Nacht hat sie mir erzählt, daß sie niemanden liebt außer dir und nur dich und niemanden sonst zum Manne nehmen wird. So werde ich denn, Bruder, meine Antilope nehmen und vor dem Zelt meiner Schwägerin am Eingang niederlegen. Dann weiß sie, daß ihr Wunsch in Erfüllung geht. Zuerst dachte ich, daß du mich verraten und selbst um sie geworben hättest, nachdem sie mir jedoch dies alles erklärt und mich gebeten hatte, ihr Fürsprecher bei dir zu sein, wußte ich, daß ich dich falsch eingeschätzt hatte. Dies zusammen mit meiner verlorenen Liebe hat mich letzte Nacht so still und betrübt gemacht. Und nun, Bruder, mach die Blume des Volkes zu deiner Frau, und ich werde mich damit begnügen, mein Leben als einsamer

Junggeselle weiterzuleben, denn niemals wieder kann ich einer Frau den Platz in meinem Herzen geben, den Schöne Feder eingenommen hat."

Als ihre Pfeifen zu Ende geraucht waren, bestiegen sie ihre Ponys, und Chaske begann, mit klarer und tiefer Stimme die herrliche Liebesgeschichte zwischen Schöne Feder und seinem Freund Hake zu singen.

Solcher Art ist die Liebe zwischen zwei Freunden unter den Indianern, die sich als Brüder bezeichnen. Chaske gab die Liebe zu einer schönen Frau zugunsten eines Mannes auf, mit dem ihn in Wirklichkeit keine Verwandtschaft verband.

Hake sagte: „Ich will tun, wie du gesagt hast, mein Freund. Bevor ich jedoch die Tochter des Medizinmannes heiraten kann, werde ich auf den Kriegspfad gehen und einige edle Taten vollbringen müssen. Und in zehn Tagen werde ich aufbrechen." Sie ritten heimwärts und besprachen, in welche Richtung sie wandern würden, und da es ihre erste Erfahrung auf dem Kriegspfad sein würde, so wollten sie bei den alten Kriegern des Stammes Rat suchen.

Bei ihrer Ankunft brachte Hake seine Beute zu ihrem eigenen Zelt, während Chaske die seine zum Zelt des Medizinmannes trug, an dessen Eingang niederlegte und nach Hause ritt.

Die Mutter von Schöne Feder wußte nicht, ob sie das Geschenk annehmen sollte oder nicht. Als Schöne Feder jedoch sah, daß ihr Herzenswunsch in Erfüllung gehen würde, bat sie ihre Mutter, das Fleisch zu nehmen und zu kochen und die alten Frauen im Lager zu einem Festmahl zu Ehren des Schwiegersohnes einzuladen, der sie bald mit Mengen von Fleisch versorgen würde. Hake und sein Freund suchten indessen alle alten Krieger auf und erfuhren alles, was sie zu wissen begehrten. Jeden Abend besuchte Hake seine zukünftige Frau, und sie verbrachten manch glücklichen Abend miteinander.

Am Morgen des zehnten Tages verließen die beiden Freunde das Dorf und wandten sich nach Westen, wo die Dörfer der Feinde zahlreicher liegen als in jeder anderen Richtung. Sie waren nicht beritten und kamen nur langsam voran, daher dauerte es etwa zehn Tage Fußmarsch, bis sie die ersten Zeichen des Feindes zu Gesicht bekamen. Die alten Krieger hatten von einem Bach innerhalb der Grenzen des Feindeslandes berichtet, der von dichtem Wald umgeben war. „Dieser Bach", so sprachen die alten Krieger, „sieht aus, als sei er der bestmögliche Ort, um zu lagern. Tut dies jedoch in keinem Fall, denn dieser Bach wird von einem Geist heimgesucht, und jeder, der dort lagert, wird die ganze Nacht hindurch gestört und kehrt außerdem nie zurück, da der Geist wakan – heilig – ist und die Feinde den Wanderer jedesmal zu fassen bekommen." Die Freunde führten zusätzliche Mokassins und eine weitere Decke mit sich, da der Herbst bereits weit vorangeschritten war und die Nächte schon kalt wurden.

Eines frühen Morgens brachen sie das Lager ab und marschierten den ganzen Tag lang. Gegen Abend taten sich die Wolken auf, die während des Tages drohend über ihnen gehangen hatten, und Schnee fiel herab, rasch und reichlich. Kurz bevor es zu schneien begann, hatten die Freunde etwa drei Kilometer vor sich eine dunkle Linie bemerkt. Chaske sagte zu seinem Freund: „Wenn dieser Sturm so weiterbläst, werden wir die Nacht am Geisterbach zubringen müssen, da ich ihn nicht weit vor uns sah, kurz bevor der Sturm einsetzte." „Ich habe ihn ebenfalls gesehen", antwortete Hake. „Statt hier in der offenen Prärie zu liegen und uns zu Tode zu frieren, können wir aber genausogut einen Geist unterhalten." So beschlossen sie, das Risiko einzugehen und in den schützenden Wäldern am Geisterbach zu übernachten. Als sie den Bach erreichten, schien es, als hätten sie ein großes Zelt betreten; so dicht standen Gebüsch und Bäume, daß der Wind überhaupt nicht zu spüren war. Sie suchten und fanden einen Platz, an dem das Gestrüpp sehr dick war und das Gras sehr hoch stand. Rasch zogen sie die Spitzen der nächststehenden Weiden zusammen und befestigten sie, indem sie die Enden ineinander verflochten. Dann legten sie ihre Zeltplane darüber und hatten bald einen gemütlichen Wigwam zum Schlafen. Sie entzündeten ein Feuer, kochten etwas getrocknetes Büffelfleisch und Büffeltalg und waren soeben dabei, ihr Mahl zu verzehren, als die Gestalt eines Mannes langsam durch die Tür trat und sich in der Nähe des Eingangs niederließ. Hake, der gerade kochte, goß ein wenig Tee in seine eigene Tasse und legte ein Stück zerstoßenes Fleisch und Büffeltalg auf einen kleinen Teller, stellte ihn vor den Fremden hin und sagte: „Iß, mein Freund. Wir sind auf dem Kriegspfad und führen nicht sehr viel abwechslungsreiche Nahrung mit uns, aber ich gebe dir das Beste, was wir haben."

Der Fremde zog den Teller zu sich hinüber und begann, gierig zu essen. Er hatte sein Mahl bald beendet und gab Teller und Tasse zurück. Bis dahin hatte er kein Wort von sich gegeben. Chaske füllte die Pfeife und reichte sie ihm. Er rauchte für ein paar Minuten, zog ein letztes Mal an der Pfeife und gab sie Chaske zurück. Dann sprach er: „Nun, meine Freunde, ich bin kein Lebender, sondern der umherziehende Geist eines einst großen Kriegers, der in diesen Wäldern von dem Feind getötet wurde, gegen den ihr beiden tapferen jungen Männer nun kämpfen wollt. Seit Jahren schon ziehe ich durch den Wald, in der Hoffnung, jemanden zu finden, der mutig genug ist, innezuhalten und mir zuzuhören. Aber alle, die hier in der Vergangenheit ihr Lager aufgeschlagen haben, sind bei meinem Herannahen weggelaufen oder haben mit Gewehren und mit Pfeil und Bogen auf mich geschossen. Für solche Feiglinge fand ich stets ein Grab, und sie kehrten nie nach Hause zurück. Nun aber habe ich zwei tapfere Männer gefunden, denen ich sagen kann, was ich getan haben möchte, und wenn ihr tut, um was ich euch bitte, so werdet ihr mit vielen Pferden und etlichen Skalps an euren Gürteln nach Hause zurückkehren. Gerade jenseits dieser Hügelkette nördlich von uns hat sich ein großes Dorf für den Winter niedergelassen. In diesem Lager befindet sich der Mann, der im Hinterhalt lag und mich erschoß, mich tötete, bevor ich die Möglichkeit hatte, mich zu verteidigen. Ich möchte den Skalp dieses Mannes, denn er ist der Grund dafür, daß ich viele, viele Jahre umhergewandert bin. Hätte er mich im Kampf getötet, so wäre ich sofort zu meinen Brüdern in die ewigen Jagdgründe gelangt. Da ich jedoch von einem Feigling getötet wurde, ist mein Geist dazu verdammt, umherzuschweifen, bis ich einen mutigen Mann finde, der diesen Feigling tötet und mir seinen Skalp bringt. Aus diesem Grund habe ich bei jeder Gruppe, die hier lagerte, versucht, mir Gehör zu verschaffen, aber wie ich bereits sagte, alle waren sie Feiglinge. Nun frage ich euch zwei tapferen jungen Männer: Wollt ihr das für mich tun?"

„Wir werden es tun", sagten die beiden Freunde wie aus einem Munde. „Ich danke euch. Nun, ich weiß, warum ihr hierher gekommen seid und daß einer von euch gekommen ist, sich seine Federn zu verdienen, indem er einen Feind tötet, bevor er heiratet. Das Mädchen, das er zur Frau nehmen wird, ist meine Enkelin, denn ich bin der Vater des großen Medizinmannes. Am Morgen wird, von hier aus gut sichtbar, eine große Gruppe vorbeiziehen. Sie werden Büffel jagen, dort drüben in der Ebene. Danach wird auf der Fährte der Jagdgruppe ein alter Mann auf einem weißen Pferd daherkommen, der ein schwarzes Pferd am Zügel führt. Er treibt etwa hundert Pferde vor sich her, die er in der nächsten Schlucht zurückläßt. Er wird sich dann zu den Jagdgründen begeben und von den verschiedenen Jägern Fleisch erhalten. Nachdem die Jäger alle nach Hause zurückgekehrt sind, wird er als letzter kommen und dabei Loblieder auf die Männer singen, die ihm das Fleisch gegeben haben. Diesen Mann müßt ihr töten und skalpieren, denn er ist derjenige, den ich tot sehen möchte. Dann nehmt das schwarze und das weiße Pferd, steigt auf und begebt euch zu den Jagdgründen. Dort werdet ihr zwei der Feinde sehen, die umherreiten und leere Patronenhülsen aufsammeln. Tötet und skalpiert diesen beiden, nehmt jeder einen Skalp, kommt hinüber zu dem hohen Hügel, und ich zeige euch, wo die Pferde sind. Und sobald ihr mir den Skalp des alten Mannes gegeben habt, verschwinde ich, und ihr seht mich niemals wieder. Sowie ich verschwinde, wird es zu schneien beginnen. Fürchtet euch nicht, denn der Schnee wird eure Spuren bedecken, wandert jedoch trotzdem drei Tage und drei Nächte weiter, da diese Leute vermuten werden, daß jemand von eurem Stamm dies getan hat, und sie werden euch folgen, bis ihr die Grenze eures Gebietes überschritten habt."

Als der Morgen kam, saßen die beiden Freunde in dem dichten Gehölz und beobachteten, wie eine große Gruppe an ihrem Versteck vorüberzog. Sie waren so nahe, daß die beiden sie lachen und sprechen hörten. Nachdem die Jagdgesellschaft vorübergezogen war, kam, wie der Geist ihnen vorhergesagt hatte, ein alter Mann daher, der eine große Herde Pferde vor sich her trieb und ein schönes, kohlschwarzes

Pferd mit sich führte. Das Pferd, das der Alte ritt, war schneeweiß. Die Freunde krochen zu einem kleinen, mit Büschen bestandenen Hügel und beobachteten die Jagd, nachdem das Schießen geendet hatte. Sie wußten, daß es nun nicht mehr lange dauern würde, bis die Gruppe zurückkehrte, daher schlichen sie in ihr Lager zurück und verzehrten eilig etwas gestoßenes Fleisch und tranken dazu ein wenig Kirschtee. Dann nahmen sie das Zelt ab, rollten es zusammen und bereiteten alles auf eine rasche Flucht mit den Pferden vor. Kaum hatten sie alles vorbereitet, da zog auch schon die Jagdgesellschaft, ihren Jagdgesang singend, vorbei. Als sie alle fort waren, schlichen die Freunde zu dem Pfad hinab und legten sich auf die Lauer nach dem alten Mann. Bald hörten sie ihn singen. Näher und näher kam der Gesang, bis der Alte schließlich in einer Wegbiegung in Sicht kam. Die beiden Freunde erhoben sich und gingen, ihm entgegen. Er aber zog weiter singend voran, offensichtlich hielt er sie fälschlich für seine eigenen Leute. Als er sehr nahe gekommen war, traten sie ein jeder an eine Seite des Alten und durchbohrten jeder sein feiges altes Herz mit einem Pfeil. Er war kaum zu Boden gefallen, da schlugen sie ihn mit ihren Bogen und gewannen so den ersten und zweiten Platz darin, einen gefallenen Feind zu schlagen. Chaske, der den ersten Platz gewonnen hatte, bat seinen Freund, den Alten zu skalpieren, was auch geschah. Und um sicherzugehen, daß dem Geist in seiner Rache auch wirklich Genüge getan wurde, nahm er den ganzen Skalp mitsamt den Ohren und band ihn sich an den Gürtel. Das Büffelkalb, das der alte Mann auf das schwarze Pferd gepackt hatte, warfen sie über ihn. Rasch bestiegen sie die beiden Pferde und eilten über die weite Ebene hinaus in die Jagdgründe. Als sie in deren Sichtweite gekommen waren, sahen sie zwei Männer, die von einem Ort zum anderen ritten. Chaske hielt sich an den rechten, Hake nahm den linken. Als die beiden Indianer diese beiden Fremden wie der Wind auf sich zu reiten sahen, wandten sie ihre Pferde, um sich in die Hügel zurückzuziehen. Das weiße und das schwarze Pferd waren jedoch die schnellsten ihres Stammes, und rasch waren die beiden fliehenden Männer überholt. Als sie dem Feind nahe gekommen waren, legten sie Pfeile ein und schossen sie durch die beiden fliehenden Jäger hindurch. Im Sturz versuchten die beiden zu schießen, infolge ihrer großen Erschöpfung pfiffen die Kugeln jedoch nur harmlos über die Köpfe der beiden Freunde hinweg. Sie skalpierten die beiden Feinde, nahmen ihnen die Gewehre und die Munition und versicherten sich auch der beiden Pferde. Dann machten sie sich auf den Weg zu dem hohen Hügel. Als sie dort ankamen, stand da der Geist. Hake gab ihm den Skalp des alten Mannes, und daraufhin zeigte dieser ihnen die große Pferdeherde und sagte: „Reitet schnell und ausdauernd." Mit diesen Worten verschwand er und wurde hinfort von keiner Jagdgesellschaft mehr gesehen, da er sich nun zu seinen Vorvätern in den glücklichen Jagdgründen versammeln konnte.

Die Freunde taten, wie ihnen der Geist gesagt hatte. Drei Tage und drei Nächte ritten sie beständig voran und erreichten am Morgen des vierten Tages die Grenzen ihres eigenen Volkes. Von da an ritten sie langsamer und ließen die Pferde der Herde ausruhen und die Spitzen der langen Grashalme abweiden. Gelegentlich machten sie Rast, und während der eine schlief, hielt der andere Wacht. So waren sie recht gut ausgeruht, als sie in Sichtweite des Ortes kamen, an dem bei ihrem Aufbruch ihr Lager gestanden hatte. Das einzige, was von dem einst großen Dorf noch zu sehen blieb, war das Zelt des großen Medizinmannes. Sie ritten auf einen hohen Hügel und sahen weiter gen Osten Rauch aus einer großen Anzahl von Zelten aufsteigen. Da wußten sie, daß etwas geschehen und das Dorf weitergezogen war.

„Mein Freund", sagte Chaske, „ich fürchte, etwas hat sich im Lager des Medizinmannes ereignet, und statt daß ich dich gehen lasse, werde ich allein gehen, und du folgst der Spur unseres Dorfes und ziehst mit den Pferden weiter. Ich werde das schwarze und das weiße Pferd mit mir nehmen und komme später nach, wenn ich festgestellt habe, was geschehen ist."

„Sehr gut, mein Freund, ich werde tun, wie du gesagt hast, aber ich mache mir Sorgen, daß Schöner Feder etwas geschehen sein könnte." Hake zog mit den Pferden weiter und trieb sie die breite Spur entlang, die Hunderte von Tragschleppen hinterlassen hatten. Chaske näherte sich langsam dem Wigwam, hielt davor an, stand und lauschte. Nichts war zu hören. Das einzig Lebende war das gescheckte Pferd von Schöne Feder, das neben dem Zelt angebunden war. Da wurde ihm klar, daß sie tot sein mußte. Er ritt fort in dichtes Gehölz und band seine beiden Pferde gut fest. Dann kam er zurück und betrat das Zelt. Darinnen lag, auf einem Lager aus Gewändern, eine offensichtlich tote Gestalt. Der Körper war in Decken und Gewänder gehüllt und rundum mit geflochtenen Schnüren umwickelt. Chaske löste sie vorsichtig und wickelte sie ab. Dann wickelte er die Gewänder und Decken ab, und als er das Gesicht freigelegt hatte, blickte er wie erwartet in das Antlitz seiner verlorenen Liebe, Schöne Feder. Und als er da so saß und sie betrachtete, war ihm weh ums Herz wegen seines armen Freundes. Er selbst hatte dieses herrliche Mädchen geliebt und verloren, und nun würde der Freund, der sie gewonnen hatte, selbst das namenlose Leid zu erdulden haben, das er durchlitten hatte.

Was war das? Könnte es ein leichtes Zittern der Nasenflügel gewesen sein, das er da gesehen hatte, oder spielte ihm die Phantasie einen üblen Streich? Er ging näher an ihr Gesicht und spähte eindringlich nach einem weiteren Zeichen. Da war es wieder, diesmal ein langer, tiefer Atemzug. Er erhob sich, holte etwas Wasser, drückte mit einem kleinen Hölzchen ihre Kiefer auseinander und goß ihr etwas davon in den Mund. Dann nahm er etwas Salbei, tauchte ihn in das Wasser und spritzte ihr davon über den Kopf und ins Gesicht. In dem Zelt lagen stapelweise geflochtene Taschen umher, und er begann, eine nach der anderen zu öffnen, in der Hoffnung, irgendeine heilkräftige Wurzel zu finden, mit der er sie wiederbeleben könnte. Drei hatte er bereits durchsucht und war gerade dabei, die vierte zu öffnen, als hinter ihm eine Stimme fragte: „Wonach suchst du?" Rasch wandte er sich um und sah Schöne Feder ihn betrachten. Hocherfreut rief er: „Was kann ich tun, damit du dich erheben und mit mir ins Dorf reiten kannst? Mein Freund und ich sind soeben mit einer großen Herde Pferde und zwei Skalpen zurückgekehrt. Wir sahen dieses Zelt und erkannten es wieder. Mein Freund wollte herkommen, aber ich ließ es nicht zu, aus Furcht, er könne sich etwas antun, wenn er entdeckt, daß dir etwas zugestoßen ist. Nun wird er bereits voller Sorge meine Rückkehr erwarten. Sag mir also, was du brauchst, um wieder zu Kräften zu kommen, so werde ich es holen, und wir können dann zu meinem Freund ins Dorf gehen." „Am Fuß meines Bettes wirst du ein Stück Adlerfett finden. Mach ein Feuer und schmelze es für mich. Ich werde es trinken, und dann können wir gehen."

Chaske machte rasch Feuer, holte das Stück Fett heraus und schmolz es. Sie trank es auf einen Zug und wollte sich soeben erheben, als sie plötzlich sagte: „Roll mich rasch wieder ein, nimm das Seil aus Büffelhaar und binde es um den Nacken meines gescheckten Pferdes; schürze seinen Schweif zu einem Knoten und binde es am Eingang fest. Dann lauf weg und versteck dich hinter den Bäumen. Zwei Feinde sind auf dem Weg hierher."

Eilig gehorchte Chaske ihren Anweisungen und hatte sich kaum hinter den Bäumen verborgen, als zwei Feinde in Sicht kamen. Sie sahen das Pferd, angebunden am Eingang des verlassenen Zeltes, und wußten so, daß eine Leiche im Zelt lag. Aus Achtung vor den Toten wandten sie sich daher um und gingen durch die Büsche und zwischen den Bäumen hindurch, um nicht am Eingang des Zeltes vorbeizugehen. Es gilt nämlich den Indianern in Feindesland als schlechtes Omen, am Eingang eines Wigwams vorüberzugehen, in dem sich ein Toter befindet. Durch diesen Umweg kamen sie also direkt auf den Ort zu, an dem Chaske hinter einem Baum verborgen war. Da er wußte, daß man ihn entdecken würde, und da sie zu zweit waren, sah er seine einzige Chance darin, einen von ihnen zu töten, bevor sie ihn fanden, um in einem gleichen Kampf bessere Aussichten zu haben. Da kamen sie und dachten kaum daran, daß einer von ihnen sich bald mit seinen Ahnen versammeln würde.

Lautlos schob Chaske eine Patrone in die Kammer seines Gewehres, entsicherte es, spannte den Hahn und zielte sorgfältig auf die Brust des kleineren der beiden Männer. Ein lauter Knall war zu hören, und der Mann, auf den er gezielt hatte, warf die Arme hoch und fiel schwer vornüber, ins Herz getroffen.

Rasch lud Chaske seine Waffe wieder und trat hinter dem Baum hervor. Mühelos hätte er den anderen aus seiner verborgenen Stellung heraus töten können, da er jedoch ein tapferer junger Mann war, wollte er seinem Gegner eine faire Chance geben. Der andere hatte sein Gewehr vom Rücken genommen, und dann fochten die beiden einsamen Kämpfer ihr Duell aus. Von einer Seite zur anderen sprangen sie, wie zwei große Katzen, dann wieder zwei Schritte nach vorn und: feuern. Ein paar Schritte zurückweichen, neu laden, zur anderen Seite springen und feuern. Die Kugeln schwirrten über ihre Köpfe hinweg, rissen die Erde zu ihren Füßen auf, und gelegentlich fand eine ihr Ziel, nur um eine Fleischwunde zu verursachen.

Plötzlich legte der Feind sein Gewehr an und warf es zu Boden: Seine Munition war verschossen, und langsam die Arme verschränkend, trat er seinem Gegner mit einem furchtlosen Lächeln im Gesicht entgegen, in der Erwartung, im nächsten Augenblick unter einer Kugel aus Chaskes Gewehr zu fallen. Nein – Chaske war zu ehrenhaft und nobel, um einen unbewaffneten Mann zu töten, und erst recht nicht einen, der einen so tapferen Kampf geliefert hatte. Chaske ging auf ihn zu und hob das ungeladene Gewehr auf. Der Toka – das bedeutet Feind – zog ein Bowie-Messer aus einer Scheide an seinem Gürtel, nahm es bei der Spitze und reichte es Chaske mit dem Griff voran. Dies besagte, daß er sich ergab. Chaske skalpierte den toten Toka und bedeutete dem anderen, ihm zu folgen. Inzwischen hatte Schöne Feder sich erhoben und sah dem Zweikampf zu. Als sie den ersten Schuß vernahm, sprang sie auf und schnitt einen kleinen Schlitz in die Zeltwand, durch den sie das ganze Geschehen verfolgte. Da sie wußte, daß einer von ihnen verwundet werden würde, holte sie eilig Wasser und Heilkräuter, und als sie zum Zelt kamen, war sie darauf vorbereitet, ihre Wunden zu behandeln.

Chaske hatte eine Kugel durch die Schulter und eine durch die Hand erhalten. Die Wunden waren schmerzhaft, aber nicht gefährlich. Der Gefangene war durch das Bein und die Muskeln des linken Armes getroffen. Schöne Feder wusch und verband ihre Wunden, und Chaske ging und holte das weiße und das schwarze Pferd. Und nachdem er Schöne Feder auf das weiße und den Gefangenen auf ihr geschecktes Pferd gesetzt hatte, ritten die drei kurze Zeit später ins Dorf ein. Da gab es großen Jubel, als bekannt wurde, daß Schöne Feder wieder zu ihnen zurückgekehrt war.

Hake, der trauernd im Zelt saß, erfuhr, daß sein Freund und mit ihm Schöne Feder zurückgekehrt waren. Als er diese gute Nachricht vernommen hatte, ging er sofort zum Zelt des Medizinmannes und fand diesen eifrig damit beschäftigt, die Wunden seines Freundes und eines Fremden zu verbinden. Der alte Medizinmann wandte sich an Hake und sagte: „Schwiegersohn, nimm deine Frau heim zu dir. Aus Trauer über dein Fernsein fiel sie in Trance. Wir aber dachten, sie sei tot, und ließen sie zurück. Wäre dein Freund hier nicht gekommen, so wäre sie jetzt sicherlich schon gestorben. Nimm sie also und behalte sie stets bei dir – und nimm als Geschenk von mir fünfzig meiner besten Pferde."

Hake und seine wunderschöne Frau gingen heim, wo seine Stiefmutter ein großes Zelt für die beiden hatte errichten lassen. Von allen Seiten kamen Küchengerät, Pferde, Gewänder und fein gearbeitete Schals und Mokassins als Geschenke, und als letzter schenkte Chaske ihnen den Mann, den er gefangengenommen hatte.

Als er ihm dieses Geschenk überreichte, sagte Chaske: „Mein Freund, ich schenke dir als Diener, auf daß er über deine große Pferdeherde wache, diesen Mann, mit dem ich über zwei Stunden lang ein Duell geführt habe – hätte seine Munition ausgereicht, hätte er mich vielleicht besiegt – und der mir den zweithärtesten Kampf meines Lebens geliefert hat.

Den härtesten Kampf meines Lebens habe ich geführt, als ich Schöne Feder aufgab. Du hast sie beide. Zu dem Toka – dem

Feind – sei gut, und er wird allen deinen Anordnungen folgen. Schöne Feder aber sei ein guter Gatte.“

Mit diesen Worten verließ Chaske die beiden und lebte, getreu seinem Versprechen, für den Rest seiner Tage als überzeugter Junggeselle.

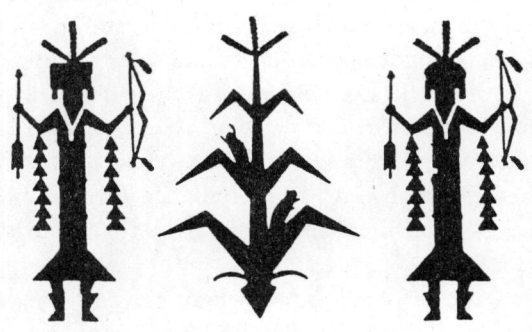

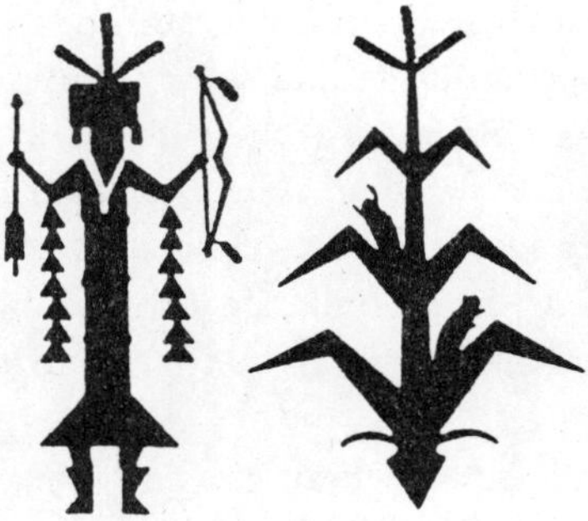

Die beiden Mäuse

Es war einmal eine Präriemaus, die den ganzen Herbst über eifrig damit beschäftigt war, sich einen versteckten Vorrat an Bohnen anzulegen. Jeden Morgen war sie schon früh mit ihrem Beutel aus der abgeworfenen Haut einer Schlange unterwegs, den sie mit gemahlenen Bohnen füllte und mit den Zähnen nach Hause schleppte.

Die kleine Maus hatte eine Kusine, die gerne zum Tanzen ging und ihre Zeit im Gespräch verbrachte, vom Arbeiten aber nicht viel hielt. Sie kümmerte sich nicht darum, ihr eigenes Versteck mit Bohnen anzulegen, und die Jahreszeit war schon recht weit fortgeschritten, als sie beschloß, sich nun endlich aufzuraffen. Als ihr aber klarwurde, daß sie etwas tun mußte, stellte sie fest, daß sie keinen Beutel hatte. So ging sie zu ihrer hart arbeitenden Kusine und sagte: „Kusine, ich habe noch keine Bohnen für den Winter gesammelt, und die Saison ist fast vorüber. Ich habe aber keinen Beutel aus Schlangenhaut, um die Bohnen darin zu sammeln. Leihst du mir einen?“ „Aber warum hast du keinen Beutel zum Bohnensammeln? Wo warst du in dem Monat, wenn die Schlangen sich häuten?“ fragte die fleißige Maus. „Ich war hier“, antwortete die Kusine. „Was hast du gemacht?“ „Ich war so beschäftigt mit Tanzen und Diskutieren.“ „Und nun hast du die Strafe dafür“, sagte die fleißige Maus. „Es ist immer dasselbe mit den Faulen und Sorglosen, aber ich werde dir die Schlangenhaut geben. Und jetzt geh, und versuche, die verlorene Zeit durch harte Arbeit und Fleiß wieder aufzuholen.“

Die zahme Krähe

Es geschah einmal, daß eine Krähenplage über ein Dorf hereinbrach. Die Vögel waren so dick, daß die armen Frauen alle Mühe hatten, sie aus ihren Zelten zu verscheuchen und von den Schnüren mit in Streifen geschnittenem und an der Luft getrocknetem Büffelfleisch fernzuhalten. Und sie wurden so zahlreich und zu einer derartigen Plage, daß der Häuptling seinen Ausrufern oder Sendboten schließlich befahl, zu den verschiedenen Lagern zu gehen und die Order ihres Häuptlings kundzutun, einen Vernichtungskrieg gegen die Krähen zu beginnen. Ihre Nester sollten zerstört und alle Eier zerbrochen werden. Dies sei so lange fortzusetzen, bis auch nicht eine Krähe mehr übrig sei, mit Ausnahme der jüngsten, die zu finden und lebend zu ihm zu bringen sei.

Der Krieg gegen die Krähen dauerte eine Woche. Täglich brachte man Tausende toter Vögel ins Lager, und am Ende der Woche war auch nicht ein einziges Tier dieser Art in der Umgebung zu finden. Die den tödlichen Pfeilen der Krieger entkamen, flogen fort, um nie wieder in diese Gegend zurückzukehren.

Zum Schluß dieses Krieges gegen die Krähen brachte man das jüngste Tier, das man gefunden hatte, in das Zelt des Häuptlings. Der Vogel war in der Tat noch so jung, daß ihn nur die große Medizin des Häuptlings am Leben hielt, bis er umherhüpfen und sich selbst sein Futter suchen konnte. Der Häuptling verbrachte die meiste seiner Zeit zu Hause und damit, der jungen Krähe die Stammessprache beizubringen. Als die Krähe sie beherrschte, brachte er ihr die Sprachen der benachbarten Stämme bei. Nachdem die Krähe diese verschiedenen Sprachen gelernt hatte, sandte sie der Häuptling auf lange Reisen, um die Lage der verschiedenen feindlichen Dörfer zu erkunden.

Wenn die Krähe ein großes Indianerlager fand, landete sie und hüpfte herum, scheinbar auf der Suche nach Abfällen. In Wirklichkeit jedoch hielt sie die Ohren offen für alles, was sie hörte. Sie saß den ganzen Tag herum, und abends, wenn man sich im großen Beratungszelt, das stets im Zentrum des Dorfes stand, versammelte, um über den nächsten Beutezug zu beraten und einen Pferdediebstahl zu planen, war die Krähe stets in der Nähe und hörte alles, was besprochen wurde. Dann flog sie zu ihrem Herrn, dem Häuptling, und berichtete ihm alles, was sie herausgefunden hatte.

Sodann sandte der Häuptling eine Gruppe seiner Krieger aus, um dem Raubzug in einem Hinterhalt aufzulauern, und da der Feind nicht das geringste argwöhnte, so lief er blindlings in diese tödliche Falle. So war die Krähe der Späher dieses Häuptlings, dessen Ruf als Wakan – das bedeutet heiliger Mann – sich bald unter allen übrigen Stämmen verbreitete. Seine Krieger fingen Gruppen von Kriegern ab, lockten sie in den Hinterhalt und vernichteten jede Gruppe, die gegen dieses Lager zog. Als sie schließlich eingesehen hatten, daß gegen die besondere Gruppe dieses Häuptlings kein Krieg zu führen war, ohne daß dieser davon erfuhr, gaben sie es auf.

Wenn das Fleisch im Lager knapp wurde, sandte der Häuptling die Krähe aus, um nach Büffeln zu suchen, und sobald sie eine Herde entdeckt hatte, kehrte sie zu ihrem Herrn zurück und berichtete ihm. Dann befahl der Häuptling seinen Kriegern auszuziehen, und sie kehrten mit Fleisch beladen zurück. So hielt die Krähe das Lager allzeit über alles auf dem laufenden, was ihnen von Nutzen sein konnte.

Eines Tages verschwand die Krähe, und es herrschte darüber große, große Trauer im Stamm. Nach einer Woche erschien die Krähe wieder, und der ganze Stamm freute sich sehr darüber. Die Krähe aber war niedergeschlagen und wollte nicht sprechen, sondern saß mit hängendem Kopf oben auf der Spitze des Häuptlingszeltes und verweigerte alle Nahrung, die man ihr anbot.

Umsonst versuchte der Häuptling, die Krähe dazu zu bringen, ihm den Grund ihres Schweigens und ihrer offensichtlichen Trauer zu nennen. Die Krähe wollte nicht sprechen, bis der Häuptling schließlich sagte: „Nun, ich werde ein paar meiner Krieger nehmen und ausziehen, um herauszufinden, was dich dazu gebracht hat, zu handeln, wie du es tust."

Als die Krähe dies vernahm, sagte sie: „Geh nicht fort. Ich fürchtete mich, etwas zu berichten, von dem ich weiß, daß es die Wahrheit ist, weil ich es von einigen großen Medizinmännern gehört habe. Ich flog über die Berge westlich von hier, als ich drei alte Männer erspähte, die auf der Spitze des höchsten Gipfels saßen. Sehr vorsichtig ließ ich mich hinter einem Felsen nieder und lauschte ihren Worten. Ich hörte, wie einer von ihnen deinen Namen erwähnte, dann fiel der Name deines Bruders. Sodann sagte der dritte, der älteste von ihnen: ‚In drei Tagen wird der Blitz die beiden Brüder töten, die von allen Völkern gefürchtet werden.'"

Trauer befiel den ganzen Stamm, als sie hörten, was die Krähe berichtete. Am Morgen des dritten Tages befahl der Häuptling, am höchsten Punkt ein schönes Zelt aufzustellen, weit genug entfernt vom Dorf, so daß die Donnerschläge die Babys im Lager nicht erschrecken würden.

Ein großes Fest wurde gegeben, und nachdem das Festmahl vorüber war, führten sechs Jungfrauen die Kriegsrösser der beiden Brüder herein. Die Pferde waren bemalt und geschmückt wie zum Angriff auf den Feind. Eines der Mädchen ging vor dem Pferd des Häuptlings und trug Pfeil und Bogen des großen Kriegers. Als nächste kamen zwei Mädchen, die das stolze Kriegsroß zu beiden Seiten am Zügel hielten. Hinter dem Pferd des Häuptlings ging das vierte Mädchen. Wie das erste trug es Pfeil und Bogen des Bruders des Häuptlings. Und das fünfte und sechste Mädchen gingen zu beiden Seiten von dessen tänzelndem Pferd. Voranschreitend gingen sie im Kreis an den Umstehenden vorüber und hielten direkt vor den beiden Brüdern, die sich sofort erhoben, Pfeil und Bogen ergriffen und leichtfüßig auf ihre Kriegsrösser sprangen. Ihren Sterbegesang anstimmend galoppierten sie inmitten eines Aufschreis der Trauer aus der Menge der Umstehenden, denen sie teuer waren, davon.

Sie ritten direkt zu dem Zelt, das auf der höchsten Erhebung in der Nähe des Lagers errichtet worden war, erreichten es schon bald und stiegen von den Pferden. Noch einmal winkten sie ihrem Stamm zu und verschwanden im Inneren des Wigwams. Kaum war dies geschehen, hörte man es in der Ferne donnern. Näher und näher kam es, bis der Sturm die Gegend mit all seiner Macht überzog. Blitz auf Blitz zuckte vom Himmel, jeweils gefolgt von ohrenbetäubenden Donnerschlägen. Schließlich – ein Blitz, heller als die anderen, ein Donnerschlag, ohrenbetäubender als die anderen – und der Sturm war vorüber.

Traurig versammelten sich die Krieger, bestiegen ihre Pferde und ritten langsam zu dem Zelt auf der Höhe. Als sie dort ankamen, blickten sie in das Zelt und sahen dort die beiden Brüder kalt und starr im Tode liegen, ein jeder mit dem Zügel seines Lieblingspferdes in der Hand. Auch die Pferde lagen Seite an Seite tot vor dem Zelt. Von daher leitete sich auch der Brauch ab, das Lieblingspferd eines Kriegers bei dessen Begräbnis zu töten.

Als die Indianer traurig den Hügel verließen, um nach Hause zurückzukehren, hörten sie ein Geräusch von der Spitze des Zeltes, und als sie nach oben sahen, erblickten sie die Krähe auf einer der zersplitterten Zeltstangen. Sie weinte herzzerreißend, und als sie davonritten, erhob sie sich hoch in die Luft, und ihr erbärmliches „Krah" wurde schwächer und schwächer, bis es nicht mehr zu hören war. Und von diesem Tag an, so berichtet die Geschichte, näherte sich keine Krähe mehr dem Lager dieser Indianergruppe.

Die Wiedererweckung der einzigen Tochter

Es war einmal ein altes Ehepaar, das hatte nur eine einzige Tochter, die war ein sehr schönes Mädchen und wurde von den jungen Männern des Stammes sehr umworben. Sie aber sagte, sie ziehe es vor, allein zu leben, und auf all ihre anrührenden Geschichten von tiefer Zuneigung hatte sie nur eine Antwort, und die war: „Nein."

Eines Tages erkrankte dieses Mädchen, und es ging ihr von Tag zu Tag schlechter. Man rief die besten Medizinmänner, ihre Medizinen halfen jedoch nichts, und sie starb zwei Wochen, nachdem sie erkrankt war.

Natürlich war die Trauer im Lager groß. Sie trugen den Leichnam mehrere Kilometer aus dem Lager heraus und wikkelten ihn in schöne Gewänder und Decken. Danach legten sie ihn auf ein Gerüst, das sie errichtet hatten, denn so war es Brauch bei den Indianern. Sie gruben vier gegabelte Pfosten in die Erde, dann wurden in die Länge und kreuzweise starke Stangen darübergebunden, und schließlich fertigten sie darauf eine Art Bett aus Weidenruten und starken Zweigen von Eschenholz. Dieses Gerüst erhob sich eineinhalb bis zwei Meter über dem Erdboden. Nach dem Begräbnis gaben die Eltern alle ihre Pferde, feine Gewänder und Decken und allen persönlichen Besitz des verstorbenen Mädchens fort. Dann schoren sie sich das Haar dicht über der Kopfhaut und kleideten sich in die armseligsten Gewänder, die zu finden waren.

Als ein Jahr vorüber war, versuchten Freunde und Verwandte des alten Ehepaares vergeblich, sie dazu zu bewegen, ihre Trauer abzulegen. „Ihr habt lange genug getrauert", sagten sie. „Legt eure Trauer ab und versucht, wieder einige der Vergnügungen des Lebens zu genießen, solange ihr noch könnt. Ihr werdet beide alt und könnt nicht mehr sehr viele Jahre leben, nutzt daher eure Zeit, so gut es geht." Das alte Paar hörte ihren Ratschlägen zu, dann schüttelten sie den Kopf und sagten: „Wir haben nichts, für das wir leben. Nichts, an dem wir uns beteiligen könnten, würde uns Freude bereiten, da wir das Licht unseres Lebens verloren haben."

Und so fuhr das alte Ehepaar in seiner Trauer um den verlorenen Schatz fort. Zwei Jahre waren seit dem Tod des schönen Mädchens vergangen, als eines Abends ein Jäger und seine Frau an dem Gerüst vorüberzogen, auf dem das tote Mädchen lag. Sie waren auf dem Weg nach Hause und schwer mit Jagdbeute beladen und kamen daher nur langsam voran. Ungefähr einen Kilometer vor dem Gerüst entsprang eine Quelle aus der Flanke eines Hügels, ein schmales Rinnsal sickerte daraus hervor und spendete den Wurzeln der Pflanzen an seinem Rand Feuchtigkeit, so daß es süßes, grünes Gras gab. An dieser Quelle schlug der Jäger sein Lager auf, und nachdem er die Pferde angebunden hatte, half er seiner Frau sofort, ein kleines Zelt zu errichten, das die beiden zu ihrer Bequemlichkeit auf ihren Wanderungen mit sich führten.

Als es recht dunkel wurde, begannen die Hunde des Jägers ein wildes Bellen und Knurren. „Sieh hinaus und schau, was die Hunde zu bellen haben", sagte der Jäger zu seiner Frau. Sie sah durch die Zeltklappe hinaus, fuhr zurück und sagte: „Da draußen ist die Gestalt einer Frau. Sie nähert sich aus der Richtung des Grabgerüstes des Mädchens." „Ich nehme an, es ist das tote Mädchen. Laß sie kommen und tu nicht, als fürchtetest du dich", sagte der Jäger. Bald hörten sie Schritte herannahen, die vor dem Eingang zum Zelt hielten. Als der Jäger zum unteren Teil des Eingangs hinabsah, bemerkte er ein Paar kleiner Mokassins, und da er wußte, wer der Besucher war, sagte er: „Wer immer du bist, komm herein, und iß etwas."

Auf diese Aufforderung hin trat die Gestalt langsam ein und setzte sich nahe der Zeltklappe nieder, das Haupt bedeckt mit einem feinen Gewand, das dicht über das Gesicht gezogen war. Die Frau des Jägers tischte ein leckeres Mahl auf, stellte es vor dem Besuch hin und sagte: „Iß, mein Freund, du mußt hungrig sein." Die Gestalt aber blieb unbeweglich und enthüllte sich auch nicht, um zu essen. „Wir wollen uns mit dem Rücken zum Eingang setzen, und unser Besuch mag dann essen", sagte der Jäger. Und so wandte seine Frau dem Besucher ihren Rücken zu und machte sich eifrig daran, kleine Fetzen Fleisch von den Rückensehnen des soeben erlegten Hirsches zu entfernen, denn diese Sehnen werden von den Indianern als Nähgarn verwandt. Der Jäger stopfte seine Pfeife, wandte sich ab und rauchte. Schließlich wurde der Teller zu der Frau zurückgeschoben, die ihn nahm, spülte und wieder wegpackte. Die Gestalt saß immer noch am Eingang, kein Laut kam von ihr und kein Atemzug. Schließlich fragte der Jäger: „Bist du das Mädchen, das vor zwei Jahren auf das Gerüst gelegt wurde?" Dreimal senkte es zustimmend den Kopf. „Wirst du heute Nacht hier schlafen? Wenn ja, wird meine Frau dir ein Lager bereiten." Die Gestalt schüttelte den Kopf. „Wirst du morgen abend wieder zu uns kommen?" Die Gestalt nickte zustimmend.

Drei Nächte nacheinander besuchte die Gestalt das Lager des Jägers. In der dritten Nacht bemerkte er, daß die Gestalt atmete, und er sah, wie sich eine Hand aus dem Gewand hervorstreckte. Die Haut war völlig schwarz und klebte fest an den Knochen der Hand. Als der Jäger dies sah, erhob er sich und ging zu seinem Medizinsack, der an einem Pfahl hing, nahm ihn herab, öffnete ihn und entnahm ihm ein paar Wurzeln.

Diese vermischte er mit dem Öl des Stinktiers und Zinnober und sagte zu der Gestalt: „Wenn du uns dein Gesicht und deine Hände mit dieser Medizin einreiben läßt, so wird sie deiner Haut neues Leben geben, du wirst dein Aussehen wiedergewinnen, und sie wird dir Fleisch verleihen." Die Gestalt stimmte zu, und der Jäger rieb die Medizin auf ihre Hände und in ihr Gesicht. Dann erhob sie sich und ging zurück zu dem Gerüst. Am nächsten Tag verlegte der Jäger sein Lager in Richtung auf sein Heimatdorf. In jener Nacht lagerte er wenige Kilometer vor seinem Dorf. Als die Nacht herabsank, begannen die Hunde wie gewöhnlich ein großes Gebell, und als seine Frau aus dem Zelt sah, kam das Mädchen heran.

Als das Mädchen eingetreten war, bemerkte der Jäger, daß es sein Gewand nicht mehr so dicht vor dem Gesicht zusammenhielt. Als die Frau ihr etwas zu essen gab, griff das Mädchen zu ihr hinüber und entblößte dabei die Hände, die, wie die beiden sofort bemerkten, ihr natürliches Aussehen zurückgewonnen hatten. Nachdem sie ihr Mahl beendet hatte, sagte der Jäger: „Hat dir meine Medizin geholfen?" Sie nickte Zustimmung. „Möchtest du am ganzen Körper mit meiner Medizin eingerieben werden?" Erneutes Nicken. „Ich werde genug davon mischen, um deinen ganzen Körper damit einzureiben, ich gehe aus dem Zelt, und lasse meine Frau dich einreiben." Er rührte einen guten Vorrat an und ließ seine Frau das Mädchen einreiben. Als diese damit zu Ende gekommen war, rief sie ihren Mann, der hereinkam, sich niederließ und zu dem Mädchen sagte: „Morgen erreichen wir das Dorf. Möchtest du mit uns gehen?" Sie schüttelte den Kopf. Wirst du morgen nacht wieder zu unserem Lager kommen, nachdem wir im Dorf übernachtet haben?" Sie nickte zum Zeichen der Zustimmung. „Möchtest du dann deine Eltern sehen?" Sie nickte abermals, erhob sich und verschwand in der Dunkelheit.

Früh am nächsten Morgen brach der Jäger sein Lager ab und wanderte bis weit in den Nachmittag hinein, als er im Dorf anlangte. Er wies seine Frau an, sich sofort auf den Weg zu machen und dem alten Ehepaar zu berichten, was geschehen war. Dies tat die Frau, und bei Sonnenuntergang kamen die beiden Alten zu dem Wigwam des Jägers. Man bat sie hinein und setzte ihnen ein gutes Essen vor. Kurz nachdem das Mahl beendet war, begannen die Hunde des Lagers, laut zu bellen. „Jetzt kommt sie, seid also tapfer, und ihr werdet bald eure verlorene Tochter sehen", sagte der Jäger. Kaum hatte er seine Worte beendet, als sie das Zelt so natürlich betrat, wie sie im Leben gewesen war. Ihre Eltern umarmten sie stürmisch und bedeckten sie mit Küssen.

Die beiden wollten nun, daß sie mit ihnen nach Hause zurückkehrte, sie wollte jedoch bei dem Jäger bleiben, der sie ins Leben zurückgebracht hatte. Und sie heiratete ihn und wurde seine zweite Frau. Kurze Zeit, nachdem er sie zur Frau genommen hatte, schloß sich der Jäger einem Kriegszug an, von dem er nicht zurückkehrte, da er im Kampf getötet wurde.

Ein Jahr nach dem Tod des Gatten heiratete sie abermals. Auch dieser Ehemann kam ums Leben, als er eine Gruppe der Feinde verfolgte, die einige Pferde des Stammes gestohlen hatte. Auch der dritte Ehemann erlitt ein Schicksal ähnlich dem des ersten: Er kam im Kampf um.

Beim Tod des dritten Ehegatten war sie noch immer eine gutaussehende Frau, ging jedoch keine Ehe mehr ein, da die Männer sie fürchteten und für heilig hielten. Sie glaubten fest daran, daß jeder, der sie zur Frau nähme, ganz sicher vom Feind getötet würde.

So wandte sie sich der Sorge um die Kranken zu und stand bald im Ruf der fähigsten Heilerin im Volke. Sie erreichte ein hohes Alter, und als sie den Tod herannahen fühlte, ließ sie sich an den Ort bringen, an dem sie schon einmal geruht hatte. Nachdem sie auf das neu errichtete Gerüst gestiegen war, wickelte sie ihre Decken und Gewänder um sich und fiel in jenen tiefen Schlaf, aus dem es kein Erwachen gibt.

Der treue Esel

Es war einmal die Tochter eines Häuptlings, der über weitreichende Beziehungen verfügte, so daß jedermann wußte, daß sie zu einer bedeutenden Familie gehörte.

Als sie heranwuchs, heiratete sie und gebar zwei Söhne, die waren Zwillinge. Dies brachte große Freude über das Lager ihres Vaters, und alle Frauen des Dorfes kamen, um die beiden Babys zu sehen. Und die Tochter des Häuptlings war sehr glücklich.

Als die Babys größer wurden, fertigte ihre Großmutter zwei Satteltaschen für sie, brachte einen Esel und sprach: „Meine beiden Enkel sollen sich fortbewegen, wie es sich für Kinder geziemt, die so zahlreiche Beziehungen haben. Dieser Esel hier ist geduldig und hat einen sicheren Tritt. Er wird die beiden Kleinen in den Satteltaschen über dem Rücken an seinen Flanken tragen."

Eines Tages geschah es, daß sich die Häuptlingstochter und ihr Mann auf eine Wanderung mit dem Zelt vorbereiteten. Der Vater, welcher sehr stolz auf seine Kinder war, brachte sein bestes Pony und legte ihm die Satteltaschen über. „So", sagte er, „meine Söhne sollen auf dem Pony reiten und nicht auf einem Esel. Laßt ihn dafür die Töpfe und Kessel tragen."

So belud seine Frau den Esel mit den Gegenständen für den Haushalt. Sie band die Zeltstangen zu zwei großen Bündeln, eines an jeder Flanke des Esels, darüber legte sie das Tragnetz, stopfte alle Töpfe und Kessel hinein und breitete die Zeltplane aus Tierhaut über den Rücken des Esels.

Kaum war dies geschehen, begann der Esel sich aufzubäumen, zu schreien und auszuschlagen. Er zerbrach die Zeltstangen, trat die Töpfe und Kessel in Scherben und zerriß die Zeltplane. Je mehr man ihn schlug, desto heftiger trat er um sich.

Schließlich wandte man sich an die Großmutter. Sie lachte und rief: „Habe ich euch nicht gesagt, daß der Esel nur für die Kinder da ist!? Er weiß, daß die beiden Kleinen die Söhne des Häuptlings sind. Denkt ihr etwa, er wird sich durch Töpfe und Kessel erniedrigen lassen?“ Und sie nahm die Kinder in ihren Satteltaschen und band sie dem Esel auf den Rücken, der sich daraufhin sofort beruhigte.

Die Gruppe verließ das Dorf und begab sich auf die Wanderung. Am nächsten Tag jedoch, als sie gerade eine mit Büschen bestandene Ebene durchquerten, stürzten die Feinde im Pulk hervor, peitschten auf ihre Ponys ein, um sie einzuholen, und stießen ihren Kriegsruf aus. Alles ging drunter und drüber. Die Männer spannten ihre Bogen und griffen zu den Lanzen. In langem und zähem Kampf wurde der Feind schließlich in die Flucht geschlagen. Nachdem sich die Gruppe jedoch wieder gesammelt hatte, waren der Esel und die beiden Kleinen verschwunden. Wo waren sie nur? Niemand wußte es, und lange Zeit suchten sie vergebens. Schließlich kehrten sie zum Lager zurück, der Vater in düsterer Stimmung, die Mutter laut jammernd. Als sie aber nun zum Wigwam der Großmutter kamen, stand da der brave Esel mit den beiden Babys in den Satteltaschen.

Der zahme Kranich

Es war einmal ein Mann, dem es nicht gefiel, bei seinem Stamm in einem überfüllten Dorf zu leben. Er zog einen abgelegenen Ort tief im Wald vor und lebte dort mit seiner Frau und seinen fünf Kindern. Das älteste der Kinder, ein Junge von zwölf Jahren, begann als Sohn eines erfahrenen Jägers schon bald, auf der Jagd nach Kleinwild durch den Wald zu streifen.

Eines Tages entdeckte er auf seinen Streifzügen das Nest eines Kranichs mit nur einem Jungen darin. Zweifellos hatte ein umherstreunender Fuchs oder ein Wiesel die übrigen Brüder und Schwestern des Kranichs gefressen. Der Junge sagte sich: „Ich werde diesen kleinen Kranich mit nach Hause nehmen und als Begleiter für unser Baby aufziehen. Wenn ich ihn hier zurücklasse, wird bestimmt ein hungriger Fuchs den armen kleinen Burschen fressen." Er trug den jungen Kranich nach Hause, und dieser wuchs heran, bis er beinahe so groß war wie die fünfjährige Schwester des Jungen.

Da er unter Menschen aufwuchs, verstand er bald alles, was in der Familie besprochen wurde. Obwohl er nicht sprechen konnte, nahm er bald an allen Spielen der Kinder teil. Der Vater der Familie war, wie bereits erwähnt, ein großer Jäger. Stets hatte er einen reichen Vorrat an Hirsch-, Antilopen-, Büffel- und Biberfleisch zur Hand. Es kam jedoch die Zeit, in der sich dies änderte. Das Wild wanderte fort an einen anderen Ort, wo es keinen tödlichen Schützen wie Kutesan – Der-sein-Ziel-nie-verfehlt – gab, der ihre rasch dahinschwindenden Herden dezimierte. Eines frühen Morgens zog der Jäger aus, in der Hoffnung, einiges von dem Wild zu entdecken, das so rasch verschwunden war, als sei es vom Erdboden verschlungen. Vergebens wanderte er den ganzen Tag umher, und es war schon spät am Abend, als er halbtot vor Erschöpfung ins Lager stolperte. Nachdem er hastig eine Tasse Kirschrindentee – das letzte Nahrungsmittel, das ihnen im Lager noch verblieben war – getrunken hatte, zog er sich sofort zurück und war bald im süßen Land der Träume. Die Kinder folgten schon bald ihrem Vater, und die arme Frau saß da und dachte nach, wie sie ihre Kinder vor dem Verhungern retten könnten. Plötzlich erscholl aus der nächtlichen Luft herab der Schrei eines Kranichs. Augenblicklich erwachte der zahme Kranich, trat hinaus und beantwortete den Ruf. Der Kranich, der gerufen hatte, war der Vater des zahmen Kranichs, und als er vom Fuchs gehört hatte, daß sein Sohn und dessen Freunde am Verhungern waren, flog er zu den Jagdgründen des Stammes, und da die Jagd an diesem Tage gut gewesen war, hatte er keine Schwierigkeiten, sich mit einer reichlichen Menge an Fett zu versorgen. Dies trug er zu dem Zelt des Jägers, flog darüber hinweg und ließ es fallen. Sofort hob der zahme Kranich es auf und brachte es der Frau.

Da sie der Familie beim Aufwachen am Morgen eine Überraschung bereiten wollte, holte sie einen guten Stock als Beleuchtung und häufte Stöcke auf die erlöschenden Scheite. Dann entfachte sie ein kräftiges Feuer und machte sich daran, das Fett auszulassen und zu schmelzen, denn geschmolzenes Fett gilt als besondere Delikatesse. Obwohl sehr beschäftigt, lauschte sie dennoch auf jegliches fremdartige Geräusch aus dem Wald, wo für gewöhnlich einige Feinde umherschlichen. Sie hielt ihre Pfanne so, daß sie, nachdem das Fett zu schmelzen begonnen und sich eine Menge heißes Fett in der Pfanne gesammelt hatte, den Eingang des Zeltes wie in einem Spiegel ganz deutlich in dem heißen Fett erkennen konnte.

Als sie ihr Werk beinahe beendet hatte, hörte sie ein Geräusch, als ob sich leise Schritte näherten. Augenblicklich schlug ihr das Herz bis zum Halse, sie blieb jedoch ganz ruhig sitzen und rief ihre Selbstkontrolle zur Hilfe, um nicht laut aufzuschreien. Diese kluge Frau hatte sich bereits einen Weg ausgedacht, wie diesem Feind beizukommen sei, falls es denn ein Feind sein sollte. Die Schritte oder das Geräusch kamen näher, bis die Frau in der Pfanne voll Fett schließlich deutlich die Spiegelung einer Hand erkannte, die sich langsam durch den Eingang des Zeltes vorschob und deren Finger wie zählend auf den schlafenden Vater, dann auf jedes der schlafenden Kinder und schließlich auf sie selbst zeigte, die am Feuer saß. Der Feind nahm allerdings wohl kaum an, daß die tapfere Frau, die so beherrscht am Feuer saß, jede seiner Bewegungen beobachtete. Langsam zog sich die Hand zurück, und als die Schritte sich allmählich entfernten, stieg das tiefe, wütende Heulen eines Präriewolfes in die stille Nachtluft. Dies ist das Zeichen für die Gruppe auf dem Kriegspfad, daß der vorausgeschickte Späher auf einen Feind gestoßen ist. Sofort weckte sie ihren Mann und die Kinder. Ärgerlich darüber, daß er so ohne Förmlichkeit geweckt wurde, fragte der Gatte sie mürrisch, warum sie ihn so unsanft aus tiefem Schlaf geweckt habe. Die Frau erklärte, was sie gesehen und gehört hatte. Sofort befestigte sie eine alte Decke an den Schultern des Kranichs und ein altes Stück Büffelhaut auf seinem Kopf, das einen Hut oder eine Kopfbedeckung darstellen sollte. Nachdem sie haufenweise Holz ins Feuer gelegt hatte, wies sie ihn an, außerhalb der Hütte umherzurennen, bis die Familie zurückkäme, denn sie würden versuchen, ein paar Wurzeln zu finden, um sie mit dem Fett zu vermischen. Eilig band sie sich die Decke um die Taille, legte ihr Baby hinein und griff dann nach ihrem Dreijährigen und packte ihn sich auf den Rücken. Der Vater packte hastig die beiden anderen, und der älteste Sohn achtete selbst auf sich.

Sofort nach dem Verlassen des Zeltes wandten sie sich in drei verschiedene Richtungen, um sich auf dem hohen Hügel westlich ihrer Heimstatt wieder zu treffen. Der Wiederschein des Feuers im Zelt zeigte ihnen den armen zahmen Kranich, der um das Zelt rannte. Mit seiner Decke um die Schultern und dem Hut auf dem Kopf sah er genauso aus wie ein Kind.

Plötzlich ertönten eine Reihe von Schüssen und Kriegsrufe der gefürchteten Crow-Indianer. Als sie das Zelt verlassen vorfanden, schlichen sie enttäuscht von dannen und wurden von der Dunkelheit des tiefen Waldes geschluckt.

Am nächsten Morgen kehrte die Familie zurück, um nachzusehen, was aus ihrem zahmen Kranich geworden war. Und da lag der arme Vogel, der sein Leben gegeben hatte, um seine Freunde zu retten, in Stücke gerissen da.

Weiße Feder

Es gab einmal ein junges Paar, das war sehr glücklich. Der junge Mann war im ganzen Volk bekannt für seine Treffsicherheit mit Pfeil und Bogen und erhielt den Beinamen „Tödlicher Schuß" oder „Der-nie-sein-Ziel-verfehlt", und die junge Frau, bekannt für ihre Schönheit, wurde „Schöne Taube" genannt.

Eines Tages besuchte ein Storch das glückliche Paar und ließ ihnen einen schönen, großen Jungen zurück, der rief: „Ina, Ina! – Mutter, Mutter!" „Hör nur, unser Sohn", sagte die Mutter. „Er kann sprechen. Und hat er nicht eine süße Stimme?" „Ja", sagte der Vater, „und es wird nicht lange dauern, bis er gehen kann." Er machte sich daran, für den Sohn Pfeile zu fertigen und einen schönen Bogen aus dem Holz des Hickory-Baumes. Einen der Pfeile bemalte er rot, den anderen blau und den dritten gelb. Die übrigen beließ er in der natürlichen Farbe des Holzes. Als er damit fertig war, steckte die Mutter die Pfeile in einen schönen Köcher, der ganz aus Stachelschweinborsten gefertigt war, und hing ihn über dem Platz auf, an dem der Junge in seiner hübschen Wiege aus bemalter Elchhaut schlief.

Wenn die Mutter ihren Jungen stillte, blickte sie zu den Pfeilen und dem Bogen empor und sagte zu ihrem Baby: „Eile, mein Sohn, und wachse rasch, damit du ein so guter Schütze wirst wie dein Vater." Dann jauchzte das Baby und streckte die Ärmchen nach dem leuchtend bemalten Köcher aus, so als ob er jedes Wort seiner Mutter verstanden hätte. Die Zeit verging, und der Junge wuchs kräftig heran, als sein Vater eines Tages sagte: „Frau, gib unserem Sohn den Bogen und die Pfeile, auf daß er lerne, damit umzugehen." Und der Vater lehrte den Sohn, die Sehne auf den Bogen zu spannen und wieder abzunehmen, und weiter, wie man einen Pfeil einlegt. Der rote, blaue und gelbe Pfeil, so sagte er dem Jungen, sollten nur verwendet werden, um einen besonders guten Schuß abzugeben. Daher schoß der Junge mit diesen Pfeilen erst, als er ein Meister dieser Kunst geworden war. Dann übte er sich an Adlern und Falken, und keiner von ihnen setzte seinen Flug fort, nachdem der Junge mit einem der Pfeile danach geschossen hatte.

Eines Tages kam der Junge ins Zelt gerannt und rief: „Mutter, Mutter, ich habe den schönsten Vogel erlegt, den ich je gesehen habe!“ „Bring ihn herein, mein Sohn, und laß mich ihn anschauen.“ Er brachte den Vogel, und nachdem sie ihn untersucht hatte, sagte sie, dieser Vogel sei von einer Art, wie sie noch nie einen gesehen hätte. Seine Federn waren von unterschiedlicher Farbe, und auf dem Kopf hatte er ein Büschel rein weißer Federn. Bei seiner Rückkehr fragte der Vater seinen Sohn, mit welchem der Pfeile er den Vogel geschossen habe. „Mit dem roten“, antwortete der Junge. „Ich war so darauf bedacht, diesen schönen Vogel auch wirklich zu erlegen, daß ich sichergehen wollte, und obwohl ich ihn mit einem meiner üblichen Pfeile hätte erlegen können, habe ich den roten genommen.“ „Das war richtig, mein Sohn“, sagte der Vater. „Wenn du auch nur den leisesten Zweifel hegst, nicht zu treffen, nimm einen der farbigen Pfeile, und du wirst dein Ziel nie verfehlen.“

Die Eltern beschlossen, ein großes Fest zu Ehren ihres Sohnes und des erlegten Vogels zu feiern. So wurden viele ältere Frauen zum Zelt von Schöne Taube gerufen, um ihr bei den Vorbereitungen für das große Fest zu helfen. Zehn Tage lang kochten und zerstießen diese Frauen Fleisch und Kirschen und bereiteten die erlesensten Speisen, die die Indianer kannten. In

Fülle gab es Fleisch vom Büffel, Biber und Hirsch, von der Antilope, vom Elch und vom Bären. Es gab Wachteln, Rauhfußhühner, alle Arten von Enten, Gänse und Regenpfeifer. Da waren Fische jeder Art und alle nur denkbaren wilden Früchte, und als alles bereit war, gingen die Boten durch die verschiedenen Dörfer und riefen: „Ho-po, ho-po! – Hört alle, hört alle! Tödlicher Schuß und Schöne Taube, seine Frau, laden euch alle, jung und alt, in ihr Zelt, um ein großes Fest zu feiern, das sie zu Ehren eines großen Vogels geben, den ihr Sohn geschossen hat, und außerdem um für ihren Sohn einen guten Namen auszuwählen, den er sein Leben lang tragen wird. Bringt also alle eure Becher und hölzernen Teller und eure Löffel aus Horn, denn es gibt Speisen in Hülle und Fülle. Kommt, all ihr Mitglieder des Rates und Häuptlinge, denn sie haben auch ein großes Zelt für euch errichtet, darin ihr eure Ratsversammlung abhalten könnt!"

Mit diesem Ruf gingen die Boten durch das ganze Dorf, und bald erschienen die Gäste. Vor dem Zelt war ein Pfahl in die Erde gerammt und rot bemalt worden, und an dessen Spitze hing der vielfarbige Vogel, die Schwingen zu voller Länge ausgebreitet, und die herrlichen weißen Federn schwangen so schön von seinem Kopfputz, daß er den Mittelpunkt der Aufmerksamkeit bildete. Auf halber Höhe des Pfahls waren Bogen und Pfeile des jungen Schützen festgebunden. Lange Wimpel, aus Perlen und Teilen des Stachelschweins gearbeitet, flatterten am Pfahl und boten ein sehr beeindruckendes Bild. Der Vogel war mit dem Gesicht nach Westen, zum Sonnenuntergang hin ausgerichtet. Der oberste Häuptling und die Medizinmänner erklärten den Vogel für Wakan – das bedeutet etwas Heiliges.

Als das Festmahl beendet war, stellten sich alle in einer Reihe auf und gingen im Gänsemarsch unter dem Vogel vorbei, um ihn von nahem zu besehen. Als ein jeder aus dieser großen Menschenmenge den wundervollen Vogel eingehend betrachtet hatte, ging soeben die Sonne im Westen unter, und in diesem Augenblick erschien direkt über den Sonnenstrahlen eine Wolke in Form eines vielfarbigen Vogels. Die Männer der Ratsversammlung wurden herausgerufen, um die Wolke zu betrachten, und der oberste Medizinmann sagte, dies sei ein Zeichen, daß der Junge zu einem großen Häuptling und Jäger heranwachsen und eine Menge Freunde und Gefolgsleute haben würde.

Damit endete das Fest. Zuvor jedoch verliehen der Häuptling und die Männer der Ratsversammlung dem Jungen den Namen Weiße Feder.

Eines Tages kam ein Fremder in das Dorf, der war sehr dünn und stand kurz vor dem Verhungern. Er war so geschwächt, daß er nicht sprechen konnte, sondern durch Zeichen um etwas zu essen bat. Glücklicherweise kam der Fremde zum Zelt von Tödlicher Schuß, und da es stets reichlich Vorräte in dessen Behausung gab, so hatte der Fremde bald ein gutes Mahl vor sich. Nachdem er gegessen und sich ausgeruht hatte, erzählte er seine Geschichte: „Ich komme von sehr weit her", sprach er. „Die Völker, von denen ich komme, sind am Verhungern. Nirgends finden sich Büffel, Antilopen oder Hirsche. Eine Hexe oder ein böser Geist in Gestalt eines weißen Büffels hat alles Großwild aus dem Land getrieben. Jeden Tag umkreist dieser weiße Büffel das Dorf und nimmt jeden, den er außerhalb der Zelte antrifft, auf die Hörner. Umsonst versuchten die besten Schützen des Stammes, ihn zu erlegen. Ihre Pfeile fliegen weit am Ziel vorüber, und sie haben es aufgegeben, da sein Leben verwunschen ist. Ein weiterer böser Geist in Form eines roten Adlers hat alle Vögel der Luft aus unserem Land vertrieben. Jeden Tag kreist dieser Adler über dem Dorf und ist so mächtig, daß er auf jeden herabstößt, der sich außerhalb seines Zeltes befindet, und ihm mit seinem scharfen Brustbein den Schädel bis aufs Hirn spaltet. Manch ein Schütze hat sein Können an diesem Vogel versucht – vergebens."

Und er fuhr fort: „Ein anderer böser Geist in Gestalt eines weißen Kaninchens hat alle Tiere vertrieben, die am Boden hausen, und die Felder mit Mais und Rüben zerstört, so daß das Volk hungert, da die Pfeile der Schützen auch das weiße Kaninchen verfehlt haben. Jeder, der diese drei Hexen zu töten vermag, hat zur Belohnung die Wahl zwischen den beiden schönsten Mädchen unseres Volkes. Die jüngere ist die stattlichere von beiden und hat auch das süßeste Wesen. Viele junge und sogar alte Männer, die dieses Angebot unseres Häuptlings vernahmen, haben sich von weit her auf den Weg gemacht, um ihre Pfeile an den Hexen zu versuchen. Alles war jedoch vergebens. Unser Häuptling, der von deinen großen Fähigkeiten als Schütze gehört hat, sandte mich, zu versuchen, sich deiner Dienste zu versichern und dich kommen zu lassen, um uns von den drei Hexen zu befreien."

Also sprach der Fremde zu dem Jäger. Dieser starrte lange und nachdenklich auf die erlöschenden Scheite des Lagerfeuers. Dann hob er langsam die Augen und blickte liebevoll auf seine Frau, die ihm gegenübersaß. Unverwandt hielt er den Blick eine volle Minute auf ihr herrliches Antlitz gerichtet, senkte ihn dann langsam wieder auf die erlöschenden Scheite des Feuers und antwortete seinem Besucher: „Mein Freund, ich fühle mich sehr geehrt, daß euer Häuptling von so weit her nach mir schickt, und ebenso ehrt mich sein freundliches Anerbieten, mir seine schöne Tochter zur Frau zu geben, sollte ich erfolgreich sein. Ich muß sein großes Angebot jedoch ablehnen, da ich keines meiner Gefühle für irgendeine andere

Frau außer meiner Königin erübrigen kann, die du hier sitzen siehst."

Weiße Feder war der Unterhaltung gefolgt, und als sein Vater zu sprechen aufgehört hatte, sagte er: „Vater, ich bin kein Kind mehr, sondern ein Mann. Ich bin kein so guter Schütze wie du, aber ich werde zu diesem arg gebeutelten Stamm gehen und versuchen, sie von ihren drei Feinden zu befreien. Wenn dieser Mann sich für ein paar Tage ausruht, dann in sein Dorf zurückkehrt und dort verkündet, daß ich komme, so wandere ich langsam auf seiner Fährte und komme einen oder zwei Tage nach ihm dort an."

„Gut gesprochen, mein Sohn", sagte der Vater. „Ich bin sicher, daß es dir gelingen wird, da du dich vor nichts fürchtest. Und was deine Fertigkeit im Bogenschießen betrifft: die ist weitaus größer als meine, denn du siehst besser und zielst rascher als ich."

Der Mann ruhte einige Tage und machte sich eines Morgens auf den Weg, nachdem er Weiße Feder den Weg beschrieben hatte. Weiße Feder suchte zusammen, was er für die Reise benötigen würde, und war bereit, früh am nächsten Morgen aufzubrechen. In dieser Nacht saßen Tödlicher Schuß und seine Frau noch lange und unterwiesen ihren Sohn darin, wie er sich auf der Wanderung zu verhalten habe und wem er nach Möglichkeit aus dem Wege gehen sollte, um keinen Ärger zu bekommen. „Achte vor allem auf Unktomi, die Spinne", sagte der Vater. „Sie ist die listigste von allen und wird dich in Schwierigkeiten bringen, wenn du dich mit ihr einläßt."

Weiße Feder brach früh auf, und sein Vater begleitete ihn eine Strecke des Weges. Als sie sich trennten, waren seine letzten Worte: „Hüte dich vor Unktomi, mein Sohn, sie ist falsch und hinterhältig." „Ich werde auf sie achten, Vater", und mit diesen Worten verschwand er über einen Hügel. Unterwegs versuchte er sein Können an mehreren Adlern und Falken, und er brauchte dazu nicht einmal seine bemalten Pfeile einzusetzen, sondern war so gewandt mit Pfeil und Bogen, daß er alles, was flog, mit seinen gewöhnlichen Pfeilen vom Himmel holen konnte. Als er schon beinahe am Ende seiner Wanderung angelangt war, blieb ihm noch ein großer Waldstreifen zu durchqueren. Und als dies fast geschehen war, sah er einen alten Mann auf einem Baumstamm sitzen und betrübt in einen hohen Baum hinaufschauen, wo eine Anzahl Präriehühner saßen.

„Hallo, Großvater, warum sitzt du hier und schaust so niedergeschlagen drein?" fragte Weiße Feder. Ich bin fast verhungert und hatte soeben den Wunsch, jemand möge eines dieser Hühner für mich schießen, so daß ich mir eine gute Mahlzeit bereiten könnte", sagte der Alte. „Ich werde eines für dich schießen", sagte der junge Mann. Er spannte die Sehne auf seinen Bogen, legte einen Pfeil ein und schien lediglich den Pfeil in Richtung auf das Huhn anzuheben, ohne zu zielen. Es sang der Bogen, es schwirrte der Pfeil, und ein Huhn fiel von dem Ast, blieb im Sturz jedoch in einem anderen Zweig hängen. „Da hast du dein Huhn, Großvater." „Oh, mein Sohn, ich bin zu schwach, um hinaufzuklettern und es zu holen. Kannst du nicht hinaufklettern und es für mich abnehmen?" Da ihm der Alte leid tat, machte sich der junge Mann daran, den Baum hochzuklettern, als der alte Mann ihn festhielt und sagte: „Mein Sohn, du hast so schöne Kleider an. Es wäre schade, wenn du sie beschädigtest. Besser, du legst sie ab, um die feine Arbeit aus Stachelschweinborsten daran nicht zu zerreißen." Der junge Mann legte seine schönen Kleider ab und kletterte den Baum empor, und nachdem er das Huhn abgenommen hatte, warf er es dem Alten hinab. Als er aber den Baum herabkletterte, sagte der alte Mann: „Iashkapa, iashkapa – kleb fest, kleb fest." Der Junge hörte ihn etwas sagen und fragte: „Was hast du gesagt, alter Mann?" Dieser antwortete: „Ich habe nur zur mir selbst gesprochen." Der junge Mann wollte weiter hinabklettern, konnte sich jedoch nicht bewegen; sein Körper klebte an der Rinde des Baumes fest. Vergebens bat er den alten Mann, ihn zu befreien. Der alte Unktomi, denn er war es, lachte nur und sagte: „Ich gehe jetzt und töte die bösen Geister. Ich habe deinen herrlichen Bogen und die Pfeile und kann sie nicht verfehlen. Ich werde die Tochter des Häuptlings heiraten, und du kannst da oben in dem Baum bleiben und dort sterben."

Mit diesen Worten legte er die schönen Kleider von Weiße Feder an, nahm dessen Bogen und die Pfeile und machte sich auf den Weg ins Dorf. Da Weiße Feder jeden Augenblick erwartet wurde, hielt das ganze Dorf nach ihm Ausschau, und als Unktomi in Sicht kam, rannten die jungen Männer mit einem bemalten Tuch auf ihn zu, setzten ihn darauf, und nachdem sie ihn langsam angehoben hatten, trugen sie ihn zum Zelt des Häuptlings. So sicher waren sie, daß er die bösen Geister töten würde, daß der Häuptling ihn bat, sich schon jetzt eine der Töchter zur Frau zu wählen. Die beiden Mädchen hatten gehört, daß Weiße Feder recht stattlich wäre und deshalb vor seiner Ankunft darüber gestritten, welche von ihnen seine Frau würde, als sie ihn jedoch zu Gesicht bekamen, war die jüngere von ihnen nicht mehr so sehr daran interessiert. Unktomi wählte daher die ältere der beiden Schwestern und erhielt ein großes Zelt, um darin zu leben. Die jüngere Schwester zog in das Zelt ihrer Mutter, und die ältere war sehr stolz darauf, mit dem Mann verheiratet zu sein, der ihr Volk vor dem Verhungern retten würde. Am nächsten Morgen gab es einen großen Aufruhr im Lager, und man rief, daß der weiße Büffel käme. „Mach dich bereit, Schwiegersohn, und töte den Büffel“, sagte der Häuptling.

Unktomi nahm Pfeil und Bogen und schoß, als der Büffel vorüberkam. Der Pfeil flog jedoch weit am Ziel vorbei. Als nächster kam der Adler, und wieder schoß er und verfehlte sein Ziel. Dann kam das Kaninchen, und abermals schoß er daneben.

„Wartet bis morgen, dann töte ich sie alle drei. Meine Decke hatte sich in meinem Bogen verfangen und störte mich beim Zielen.“ Die Menschen waren sehr enttäuscht, und der Häuptling, dem der Verdacht kam, daß da etwas nicht stimmen könnte, sandte nach dem jungen Mann, der den Wigwam von Tödlicher Schuß besucht hatte. „Hast du Weiße Feder getroffen, als du im Lager von Tödlicher Schuß warst?“ „Ja, und ich habe oft mit ihm zusammen gegessen. Während meines gesamten Aufenthaltes dort wohnte ich im Zelt seines Vaters“, sagte der junge Mann. „Würdest du ihn wiedererkennen, wenn du ihn sähest?“ „Jeder, der auch nur einen kurzen Blick auf Weiße Feder geworfen hat, würde ihn wiedererkennen, denn er ist der stattlichste Mann, den ich je gesehen habe“, antwortete der junge Mann.

„Komm mit mir zum Zelt meines Schwiegersohnes und sieh ihn dir gut an. Sag jedoch nicht, was du denkst, bis wir fort sind.“ Die beiden gingen zum Zelt von Unktomi, und als der junge Mann ihn sah, wußte er, daß es nicht Weiße Feder war, obwohl es dessen Bogen und Pfeile waren, die am Kopfende der Schlafstatt hingen. Und er erkannte auch die Kleider als die von Weiße Feder. Nachdem sie zum Zelt des Häuptlings zurückgekehrt waren, sagte der junge Mann, was er wußte und dachte. „Ich denke, dieser Mann ist ein Unktomi, der Weiße Feder einen Streich gespielt und dessen Pfeile und Bogen und auch seine Kleider an sich gebracht hat, und als er von deinem

Vorhaben hörte, gab er sich hier für Weiße Feder aus. Hätte Weiße Feder nämlich heute auf den Büffel, den Adler und das Kaninchen geschossen, so wären wir von ihnen befreit. Daher meine ich, daß wir diesem Unktomi Angst einjagen sollten, bis er uns sagt, wo Weiße Feder ist", sprach der junge Mann.

„Warte, bis er morgen abermals versucht, die Hexen zu töten", antwortete der Häuptling.

Inzwischen hatte die jüngere Tochter eine Axt genommen und war in den Wald gegangen, um trockenes Holz zu sammeln. Sie ging nur ein kurzes Stück Weges in den Wald und hackte an einem Stück trockenen Holzes herum. Als sie eine kleine Pause machte, hörte sie jemanden sagen: „Wer immer du bist, komm herüber und fälle diesen Baum, damit ich loskomme." Sie ging hinüber, wo der große Baum stand, und sah einen Mann an dessen Rinde kleben. „Wenn ich ihn fälle, wird der stürzende Baum dich erschlagen", sagte das Mädchen. „Nein, fälle ihn an der gegenüberliegenden Seite, und der Baum wird in diese Richtung fallen. Und wenn ich auch erschlagen werde, so ist dies immer noch besser, als hier zu hängen und zu verhungern", sagte Weiße Feder, denn er war es.

Das Mädchen fällte den Baum, und als sie sah, daß der Mann nicht zu Tode gekommen war, fragte sie: „Was soll ich jetzt tun?" „Schäle die Rinde vom Baum, hole ein paar Steine und mache sie heiß. Hole etwas Wasser und Salbei und lege deine Decke über mich." Sie tat wie geheißen, und als der Dampf von den heißen Steinen aufstieg, über die das Wasser gegossen worden war, löste sich die Rinde von seinem Körper, und er erhob sich. Als er aber aufstand, erkannte sie, wie stattlich er war. „Du hast mir das Leben gerettet", sprach er, „möchtest du meine Frau werden?" „Ja", sagte sie. Dann erzählte er ihr, wie der alte Mann ihn in diese Falle gelockt und ihm seinen Bogen mit den Pfeilen und seine schönen, mit Stachelschweinborsten verzierten Kleider genommen, davongegangen war und ihn zum Sterben zurückgelassen hatte. Sie wiederum berichtete ihm alles, was im Lager geschehen war, seit ein Mann, der sich Weiße Feder nannte, gekommen war, ihre Schwester zur Frau genommen, bevor er auf die Hexen geschossen und sie dann schließlich verfehlt hatte. „Laß uns eilen, denn vielleicht vergeudet der Unktomi meine Pfeile." Sie gingen zum Lager, und während Weiße Feder außerhalb wartete, betrat seine zukünftige Frau das Zelt von Unktomi und sagte: „Weiße Feder ist draußen und möchte seine Kleider, seinen Bogen und seine Pfeile." „Oh ja, ich habe sie mir von ihm geliehen und vergessen, sie zurückzugeben. Beeil dich, und gib sie ihm."

Als Weiße Feder seine Kleider erhielt, war er sehr aufgebracht, als er sie ganz zerknittert fand, sein Bogen war verspannt, und die Pfeile waren ganz verdreht und hatten ihre Form verloren. Er legte die Kleidung, den Bogen und die Pfeile zu Boden, glitt mit den Händen darüber hin, und sie nahmen ihre frühere Form wieder an. Die Tochter brachte Weiße Feder zum Zelt ihres Vaters, und als dieser die Geschichte vernahm, sandte er sofort nach seinen Kriegern und hieß sie einen Kreis um das Zelt von Unktomi bilden. Und sollte er zu fliehen versuchen, so sollten sie ihn fangen und an einen Baum binden, denn der Häuptling hatte beschlossen, eine Rechnung mit ihm zu begleichen für die Behandlung von Weiße Feder und die Täuschung, durch die er seine älteste Tochter gewonnen hatte. Gegen Mitternacht bemerkten die Wachen, wie etwas dicht am Boden entlangkroch, und als sie es ergriffen, fanden sie Unktomi, der noch vor Tagesanbruch zu fliehen versucht hatte. Daraufhin banden sie ihn an einen Baum. „Warum behandelt ihr mich so?!" schrie Unktomi. „Gerade wollte ich hinausgehen und Medizin suchen, um meine Pfeile damit einzureiben, damit ich die Hexen töten kann." „Du wirst Medizin für dich selbst brauchen, wenn der Häuptling mit dir fertig ist", sagte der junge Mann, der entdeckt hatte, daß Unktomi sich für Weiße Feder ausgab.

Am Morgen gab der Ausrufer bekannt, daß der wirkliche Weiße Feder gekommen war und der Häuptling das ganze Volk zum Zeugen für dessen Fertigkeit als Schütze wünsche. Dann kam der Ruf: „Der weiße Büffel kommt!" Weiße Feder nahm seinen roten Pfeil und war bereit. Als der Büffel ihm gegenüberstand, ließ er seinen Pfeil fliegen. Der Büffel sprang hoch in die Luft und fiel mit allen vieren unter seinem Körper zusammengezogen wieder zu Boden. Der Pfeil war durch das ganze Tier hindurchgegangen und hatte dabei das Herz durchbohrt. Das ganze Dorf brach in lauten Jubel aus.

„Du wirst dir aus der Haut eine Schlafstelle machen", sagte der Häuptling. Dann folgte ein Schrei: „Der Adler! Der Adler!" Von Norden her kam ein riesiger, roter Vogel angeflogen, der war so stark, daß seine Schwingen im Flug ein brummendes Geräusch wie ferner Donner von sich gaben. Da kam er herangestürmt, und eben als er über dem Zelt des Häuptlings kreiste, spannte Weiße Feder seinen Bogen, und mit aller Kraft zog er den Pfeil bis an die Spitze aus Feuerstein zurück und sandte den blauen Pfeil auf seine tödliche Bahn. So rasch war der Pfeil durch den Körper des Adlers gedrungen, daß sich lautes Klagen aus der Menge erhob, die dachte, daß Weiße Feder sein Ziel verfehlt habe. Als sie jedoch sahen, wie der Adler im Fluge innehielt, noch ein paarmal mit den Flügeln schlug und dann mit dumpfem Aufprall im Zentrum des Dorfes niederstürzte, war der Jubel noch größer als zuvor. „Der rote Adler soll dazu dienen, den Ehrensitz in deinem Zelt zu schmücken", sagte der Häuptling zu Weiße Feder. Als letztes kam das weiße Kaninchen. „Ziele gut, ziele sorgfältig, Schwiegersohn", sagte der

Häuptling. „Wenn du es tötest, so hast du sein Fell als Teppich.“ Da kam es heran, das weiße Kaninchen, und Weiße Feder schickte seinen Pfeil auf den Weg ins Herz des Kaninchens und beendete dessen üble Streiche ein für allemale.

Sodann rief der Häuptling alle Menschen im Lager zusammen, und vor ihnen allen nahm er hundert Weidenruten und brach sie eine nach der anderen auf Unktomis Rücken entzwei. Dann band er ihn los. Unktomi, so fürchterlich beschämt, rannte in den Wald und verbarg sich im dunkelsten und abgelegensten Winkel, den er finden konnte. Und daher findet man Spinnen stets in dunklen Ecken, und ein hinterhältiger und verlogener Mensch wird Abkömmling des Unktomi-Stammes genannt.

Die Geschichte von Schön-gefiederte-Stirn

Es war einmal ein kleiner Junge, der kam zur Welt mit einem kleinen Büschel verschiedenfarbiger Federn auf der Stirn. Und von diesem Büschel erhielt er seinen Namen: Schön-gefiederte-Stirn. Er war ein sehr liebenswürdiger und stattlicher Junge und besaß den Respekt des gesamten Stammes. Als er zu einem jungen Mann herangewachsen war, verliebte er sich niemals wie andere Jungen in die Schönheiten des Stammes. Obwohl diese bis über beide Ohren in ihn verliebt waren, nahm er nie auch nur eine unter ihnen zur Kenntnis. In den verschiedenen Lagern gab es manches hübsche Mädchen, er aber ließ sie alle links liegen.

Eines Tages sagte er: „Vater, ich werde das Volk der Büffel besuchen." Der Vater gab seine Zustimmung, und so machte sich der Sohn auf den Weg. Da Vater und Mutter vermuteten, welche Absicht ihr Sohn mit seinem Besuch beim Volk der Büffel verband, bereiteten sie sogleich einen schönen Empfang für ihre zukünftige Schwiegertochter vor. Die Mutter nähte zehn Büffelhäute zusammen und malte die Heldentaten ihres Gatten darauf. Aus den Häuten fertigte sie ein bequemes Zelt und ließ Taschen mit Gerätschaften, feine Kleidung und Decken hineinlegen. Dies würde das Zelt ihrer Schwiegertochter und ihres Sohnes sein. Nach einigen Wochen kehrte der Sohn zurück und hatte ein schönes Büffel-Mädchen bei sich. Die Eltern des Jungen gaben ein großes Fest zu Ehren dieses Ereignisses.

Im Laufe der Zeit bekam das junge Paar einen Sohn, und der Vater war sehr stolz auf diesen Jungen. Als der Junge ein

Jahr alt wurde, sagte der Vater zu seiner Frau: „Ich werde gehen und das Volk der Elche besuchen." Die Mutter war sehr traurig, weil sie wußte, daß ihr Mann sich eine weitere Frau nehmen würde. Bei seiner Rückkehr brachte er ein schönes Elch-Mädchen mit. Als die Büffel-Frau das Elch-Mädchen sah, war sie sehr niedergeschlagen und traurig, aber ihr Mann sagte: „Sei nicht traurig, sie wird all die schwere Arbeit für dich machen."

Lange Zeit lebten sie recht glücklich miteinander. Auch das Elch-Mädchen wurde Mutter eines kräftigen Jungen, und nach einiger Zeit waren beide Kinder groß genug, um in der Umgebung umherzutollen. Eines Tages war die Elch-Frau dabei, im Freien Häute zu gerben, und die beiden Jungen spielten in der Nähe ihrer Mütter, als der Büffel-Junge plötzlich über das Leder rannte, das seine Stiefmutter beinahe zu Ende bearbeitet hatte, und seine Fußspuren darauf hinterließ. Dies ärgerte die Elch-Frau, und sie machte ihren Gefühlen Luft und rügte den Jungen: „Du unbeholfenes Plattmaul, konntest du nicht darum herumlaufen, anstatt darüber hinwegzurennen?!" Die Büffel-Frau stand am Zelteingang und hörte jedes Wort der Elch-Frau, und als sie vernahm, daß ihr Sohn Plattmaul genannt wurde, wurde sie sehr wütend. Sie sagte jedoch niemandem etwas davon, sondern packte eilig etwas von ihrer Habe zusammen, rief ihren Sohn und machte sich in westlicher Richtung davon.

Der Ehemann, welcher sich auf einem Jagdzug befand, kehrte erst spät am Nachmittag zurück. Sein Ältester war jedesmal bei seiner Ankunft zum Zelt hinaus und ihm entgegengerannt. Als der Junge diesmal jedoch nicht zu sehen war, fürchtete der Vater, daß ihm etwas geschehen sein könnte. Er begab sich also rasch zum Zelt und sah umher. Als jedoch weder der Junge noch seine Mutter zu finden waren, fragte er seine Elch-Frau nach dem Verbleib der beiden. Die Elch-Frau antwortete:

„Sie nahm ihren Jungen auf den Rücken und ging in diese Richtung davon“, und dabei zeigte sie nach Westen. „Wie lange ist sie schon fort?“ „Seit dem frühen Morgen.“ Eilig fing der Ehemann ein frisches Pferd und ritt, ohne etwas gegessen zu haben, in die Richtung fort, die die Büffel-Frau und ihr Sohn genommen hatten. Vor Einbruch der Dunkelheit erklomm er einen hohen Hügel und bemerkte unten im Tal ein kleines Zelt. Es war noch ein weiter Weg bis zu dem Zelt, und daher war es schon spät, als er dort anlangte. Er band sein Pferd an, so daß es nicht fortlaufen konnte, trat in das Zelt und fand den Jungen und seine Mutter in tiefem Schlaf. Als er sich neben die beiden legte, erwachte der Junge, und als er seinen Vater sah, gab er ihm durch Zeichen zu verstehen, mit ihm ins Freie zu gehen.

Draußen erzählte der Junge seinem Vater, daß es nutzlos wäre und er nicht versuchen möge, seine Mutter durch Schmeicheleien zur Rückkehr zu bewegen, da sie durch die Elch-Frau zu sehr beleidigt worden wäre, um jemals zurückzukommen. Dann berichtete der Junge, was die Elch-Frau gesagt und daß sie ihn Plattmaul genannt hatte. „Meine Mutter ist entschlossen, zu ihrem Volk zurückzukehren. Wenn du uns jedoch folgen möchtest, so magst du dies tun, und vielleicht gelingt es dir nach einer Weile, wenn sie alle ihre Verwandten besucht hat, sie zur Rückkehr zu bewegen. Wir werden sehr früh am Morgen aufbrechen, und da die Gegend, die wir durchwandern, sehr harten Boden hat, werde ich fest auftreten, so daß an den weichsten Stellen meine Spuren zurückbleiben. Dann wird es dir möglich sein, uns zu folgen.“

Die beiden gingen ins Zelt und waren bald darauf fest eingeschlafen. Da der Vater sehr müde war, schlief er besonders tief, und als er erwachte, brannte die Sonne auf ihn herab. Die Mutter und der Sohn waren nirgends zu sehen. So vorsichtig war das Zelt über ihm abgebrochen worden, daß er nicht aufgewacht war. Er nahm sein Pferd und ritt den beiden nach, die ihn schlafen gelassen hatten. Es war nicht schwierig, der Spur zu folgen, da der Junge fest aufgetreten war und seine kleinen Fußabdrücke an weichen Stellen im Boden zurückgelassen hatte.

Auch an diesem Abend erblickte er wieder das kleine Zelt, und als er dort ankam, fand er die beiden schlafend. Der Junge erwachte und gab seinem Vater Zeichen, nach draußen zu gehen. Er sagte ihm, daß die Wegstrecke des nächsten Tages die härteste von allen würde. „Wir werden über eine weite Ebene ziehen. Bevor wir sie jedoch erreichen, durchqueren wir eine sandige Senke. Wenn du an die Senke gelangst, so achte auf meine Fußstapfen: Sie werden tief in den Sand eingegraben sein, und in jedem Fußabdruck wirst du kleine Wasserpfützen sehen. Trink soviel du kannst, denn dies ist die einzige Gelegenheit dazu, da es von da an bis zu der großen Bergkette kein Wasser gibt und es dunkel sein wird, wenn du sie erreichst. Die Verwandten meiner Mutter leben am Fuße dieser Berge, und ich werde kommen und noch einmal mit dir sprechen, bevor ich dich verlasse, um mich den Leuten meiner Mutter anzuschließen."

Am folgenden Morgen fand er sich allein wie am vergangenen Tag. Sie hatten ihn verlassen und ihre Reise fortgesetzt. Er stieg wieder auf sein Pferd, und als er an die sandige Senke kam, waren da tatsächlich tief im Sand die Fußstapfen seines Sohnes bis zum Rand mit Wasser gefüllt. Er trank und trank, bis er auch die letzte leergetrunken hatte. Dann erhob er sich und setzte seinen Weg auf der Fährte fort. Bei Sonnenuntergang kam er in Sichtweite ihres kleinen Zeltes am Abhang der Berge. Plötzlich stolperte sein Pferd und brach tot zusammen. Es war verdurstet.

Von da an ging er zu Fuß weiter. Als er an das Zelt kam, fand er es leer. „Vermutlich will mein Sohn zu seinem letzten Gespräch mit mir hierherkommen", dachte sich der Vater. Seit drei Tagen hatte er nichts gegessen und war beinahe verhungert. Er legte sich nieder, doch die stechenden Schmerzen des Hungers hielten den Schlaf von ihm fern. Von draußen vernahm er Schritte und hielt sich bereit, in der Annahme, es sei ein Feind. Langsam öffnete sich die Klappe vor dem Eingang, und sein Sohn schaute herein, und als er seinen Vater wach liegen sah, zog er sich zurück und rannte schnell den Abhang hinauf, kehrte jedoch bald mit einem kleinen Bündel zurück. Beim Betreten des Zeltes gab er es seinem Vater mit den Worten: „Iß, Vater. Es ist nicht viel, denn ich habe es gestohlen." Der Vater hatte bald verzehrt, was ihm sein Sohn gebracht hatte, und dieser sprach zu ihm: „Morgen früh werden die Verwandten meiner Mutter hierherkommen und dich mit ins Dorf hinab nehmen. Meine Mutter hat drei Schwestern, deren Taschen mit Gerätschaften alle genauso gefertigt sind wie die meiner Mutter. Würden sie sie vertauschen, so könnten sie ihre eigene Tasche nicht wiederfinden, ohne hineinzuschauen, um sie an ihrem Inhalt wiederzuerkennen. Man wird dich auffordern, Mutters Tasche herauszufinden, und wenn dir das nicht gelingt, wird man dich zu Tode trampeln. Als nächstes wirst du Mutter unter ihren drei Schwestern herausfinden müssen, und du wirst nicht in der Lage sein, sie von den anderen drei zu unterscheiden. Wenn dir das nicht gelingt, so wirst du lebendig begraben. Und falls du die erste und die zweite Prüfung erfolgreich bestehst, so wirst du als dritte Prüfung mich unter meinen drei Vettern erkennen müssen, die mir so ähnlich sehen wie mein eigenes Spiegelbild im Wasser. Die Taschen wirst du an einem kleinen Kiesel unterscheiden können, den ich an der meiner Mutter anbringe. Und meine Mutter wirst du an einem kleinen Grashalm erkennen, den ich ihr ins Haar stecken werde. Mich selbst kannst du unter meinen Vettern daran erkennen, daß ich mein Haupt schüttle, mit den Ohren wackle und mit dem Schwanz wedele, wenn wir zu tanzen beginnen. Du mußt deine Wahl rasch treffen, und sie werden über deinen Erfolg sehr zornig sein, und wenn du auch nur ein wenig zögerst, werden sie die Erklärung dafür darin sehen, daß du es nicht gewußt hättest, um einen Grund zu haben, dich zu Tode zu trampeln."

Daraufhin ging der Junge, nachdem er seinen Vater nochmals ermahnt hatte, nichts von dem zu vergessen, was er ihm gesagt hatte. Früh am nächsten Morgen vernahm der Vater ein gewaltiges Rumpeln, und als er vors Zelt trat, war der gesamte Abhang von Büffeln übersät. Als diese ihn sahen, umringten sie ihn laut brüllend. Ein alter Bulle trat vor, ging unter heftigem Schnauben an ihm vorüber und blickte alle paar Schritte zurück. Der Mann vermutete, daß er diesem Bullen folgen solle, tat dies, und die ganze Herde bildete einen Halbkreis um ihn und geleitete ihn den Westhang der Berge hinunter und hinaus in eine weite Ebene, auf der ein einsamer Baum stand. Zu diesem Baum führte ihn der alte Bulle und hielt an, als sie dort anlangten. Ein großer Felsen unter dem Baum diente dem Mann als Sitz. Kaum hatte er Platz genommen, kamen vier Büffelkühe, jede mit einem großen Kasten mit Arbeitsmaterial. Sie stellten die Kästen in einer Reihe vor den Mann hin, und die Herde drängte sich dichter an ihn heran, um einen guten Blick zu haben. Der alte Bulle trat vor und stellte sich dicht neben die Taschen, die man den vier Kästen entnommen hatte.

Der Mann erhob sich, und als er die Taschen betrachtete, bemerkte er einen kleinen Kiesel, der auf der vorletzten Tasche von links lag. Er ging hinüber und zog die Tasche vor den Bullen hin, wobei er den kleinen Stein heimlich wegstieß, damit ihn niemand sah. Als sie erkannten, daß er die richtige Tasche gewählt hatte, brachen sie in schreckliches Brüllen aus.

Dann kamen die vier Schwestern und stellten sich in einer Reihe vor dem Mann auf. Von rechts nach links betrachtete er jede von ihnen genau und legte schließlich seine Hand auf die zweite von rechts. Ohne den kleinen Jungen, welcher den kleinen Grashalm in das Haar der Mutter gesteckt hatte, wäre er außerstande gewesen, seine Frau herauszufinden, da sich die vier glichen wie eine Erbse der anderen.

Als nächste kamen die vier Büffelkälber und begannen zu tanzen, als sie vortraten. Dabei schüttelte sein Sohn das Haupt, wackelte mit den Ohren und peitschte mit dem Schwanz hin und her. Der Vater war eben dabei, auf seinen Sohn zu zeigen, da verlor er das Bewußtsein, und als er zu Boden sank, sprang der alte Bulle auf ihn, und im Augenblick kamen sie alle über ihn und trampelten ihn zu Brei. Dann zog die Herde weiter.

Die Elch-Frau kam zu dem Schluß, daß etwas mit ihrem Mann geschehen sein müsse, und beschloß, sich auf die Suche nach ihm zu machen. Da sie sehr gut zu Fuß war, brauchte sie nicht lange, um zu dem einsamen Baum zu gelangen. Sie bemerkte das Blut, verspritzt am Fuße des Baumes, und kleine Fetzen Fleisches, die in die Erde getrampelt worden waren. Als sie genauer hinsah, bemerkte sie etwas Weißes im Staub. Sie bückte sich und hob es auf, und da war es das Büschel verschiedenfarbiger Federn von der Stirn ihres Mannes. Dies nahm sie sofort an sich, zog zum Osthang des Gebirges, erhitzte Steine und errichtete ein Schwitzzelt. Dann legte sie die Federn hinein, holte Wasser und sprenkelte es über die Steine, wodurch in dem Zelt sogleich dichter Dampf aufstieg. Dies tat sie lange Zeit, bis sie im Zelt eine Bewegung wahrnahm. Dann erhob sich eine Stimme und sagte: „Wer immer du bist, gieß noch ein wenig Wasser nach, und es geht mir wieder gut.“ So holte die Frau mehr Wasser und goß es über die Steine. „Das genügt. Jetzt möchte ich trocknen." Sie pflückte einen Haufen Salbei, und als sie ihm diesen reichte, erkannte er die Hand seiner Elch-Frau.

Sie kehrten nach Hause zurück, und kurze Zeit später beschloß der Büffel, welcher davon gehört hatte, daß der Mann wieder am Leben war und daß die Frau es war, die ihn ins Leben zurückgebracht hatte, die beiden mit Krieg zu überziehen und zu töten. Als die Frau dies hörte, ließ sie Pfähle in die Erde rammen und eine starke Plattform darauf errichten. Als die Büffel kamen, setzte sie sich mit ihrem Mann und ihrem Sohn auf die Plattform aus Ästen, und die Büffel konnten sie nicht erreichen. Sie schwang ihre rote Decke über sie, und die Büffel wurden rasend vor Wut. Da kamen die Freunde des Jägers zur Hilfe und erlegten die Büffel so rasch, daß diese die Flucht ergriffen, davongaloppierten und Schön-gefiederte-Stirn hinfort in Ruhe ließen.

Das Kaninchen und der Elch

Ein kleines Kaninchen lebte bei seiner alten Großmutter, die neue Kleidung brauchte. „Ich werde ausziehen und einen Hirsch oder einen Elch für dich fangen", sprach es, „dann bekommst du ein neues Kleid."

Als das Kaninchen nun zur Jagd auszog, legte es einmal seinen Bogen auf dem Pfad ab, während es nach seinen Fallen sah. Ein vorüberziehender Elch sah den Bogen und sagte sich: „Ich werde dem Kaninchen einen Streich spielen und so tun, als hätte ich mich in der Sehne seines Bogens verfangen." Er setzte daraufhin einen Fuß auf die Sehne und legte sich hin, als sei er tot.

Nach einer Weile kehrte das Kaninchen zurück. Als es den Elch sah, freute es sich sehr, rannte nach Hause und rief: „Großmutter, ich habe einen schönen Elch in der Falle! Du bekommst ein neues Kleid aus seiner Haut, wirf den alten Rock ins Feuer!" Das tat die Großmutter auch.

Nun sprang der Elch wieder auf die Füße und lachte: „Ha, mein Freund! Dachtest wohl, du hättest mich gefangen, dabei habe ich dich nur zum Narren gehalten." Und er rannte zurück ins Dickicht.

Das Kaninchen, das zurückgekommen war, um dem Elch jetzt die Haut abzuziehen, rannte wieder nach Hause. „Großmutter, wirf den Rock nicht ins Feuer", rief es. Aber zu spät, der Rock war schon verbrannt.

Das Kaninchen und die Rauhfußhühner

Es geschah einmal während des Winters, daß das Kaninchen in die Prärie hinausging. Da fand es am Abhang eines Hügels, an der vom Wind abgewandten Seite, eine große Gesellschaft von Mädchen, alle mit grauen und gesprenkelten Decken auf dem Rücken. Es waren die Rauhfußhühner, und sie schlitterten auf einem Brett den Hügel hinab. Als das Kaninchen ihrer ansichtig wurde, rief es: „Ihr Mädchen, das ist keine gute Art, einen Hügel hinabzurutschen. Laßt mich euch ein feines Fell holen, mit Spangen daran, die beim Rutschen klingeln." Und es rannte los zu seinem Wigwam und brachte eine Felltasche. Sie hatte rote Streifen und Spangen daran, die klingelten. „Kommt und setzt euch hinein", sagte das Kaninchen zu den Rauhfußhühnern. „Oh nein, wir fürchten uns", antworteten sie. „Habt keine Angst, ich kann euch nichts tun. Komm, du da." Aber als sich nun alle zurückhielten, sagte das Kaninchen schmeichelnd: „Wenn ihr einzeln zu ängstlich seid, kommt doch alle zusammen. Ich kann euch doch nicht allen zusammen etwas antun." Und so brachte es die ganze Schar durch seine Schmeichelei in die Felltasche. Nachdem dies geschehen war, machte das Kaninchen die Tasche zu, warf sie sich über den Rücken und ging nach Hause.

„Großmutter", sagte es, als es zum Wigwam kam, „hier ist ein Sack voll erbeutetem Wild. Paß darauf auf, während ich Weidenruten hole, um Bratspieße daraus zu machen."

Sobald aber das Kaninchen aus dem Zelt gegangen war, begannen die Rauhfußhühner zu rufen: „Großmutter, laß uns raus!" „Wer seid ihr?" fragte die alte Frau. „Deine lieben Enkel", antworteten sie. „Aber wie seid ihr in den Sack gekommen?" fragte die alte Frau. „Oh, euer Neffe hat sich einen Spaß mit uns erlaubt und uns dazu überredet, in den Sack zu kriechen. Bitte laß uns raus." „Aber gewiß, liebe Enkel, ich werde euch herauslassen", sagte die alte Frau, indem sie den Sack aufband, und – hei! – da flatterte die Schar Rauhfußhühner auf, warf die alte Großmutter über den Haufen und flog durch den viereckigen Rauchabzug der Winterhütte davon. Nur ein einziges Rauhfußhuhn konnte die alte Frau fangen und hielt es mit jeder Hand an einem Bein fest.

Als das Kaninchen mit den Bratspießen nach Hause kam, rief sie ihm zu: „Enkel, komm schnell. Sie sind entwischt, aber ich habe zwei gefangen."

Als das Kaninchen sah, was geschehen war, war es ziemlich böse, konnte sich das Lachen aber nicht verkneifen. „Großmutter", rief es, „du hast nur ein Huhn gefangen, noch dazu ein sehr mageres."

Die treuen Liebenden

Einst lebte eine Häuptlingstochter, die über viele Beziehungen verfügte. Alle jungen Männer im Dorf wünschten sie sich zur Frau und waren eifrig darum bemüht, ihr den Ledereimer zu füllen, wenn sie zum Bach ging.

Im Dorf gab es einen jungen Mann, der arbeitsam und ein guter Jäger war. Er war jedoch arm und kam aus einer einfachen Familie. Dieser Mann liebte das Mädchen, und wenn sie zum Wasser ging, warf er ihr seinen Umhang über den Kopf und flüsterte ihr ins Ohr: „Sei meine Frau. Ich besitze wenig, aber ich bin jung und stark. Ich werde dich gut behandeln, denn ich liebe dich."

Lange Zeit antwortete das Mädchen nicht. Eines Tages jedoch flüsterte sie zurück: „Ja, du darfst meinen Vater um Erlaubnis bitten, mich zu heiraten. Vorher mußt du jedoch eine edle Tat vollbringen, denn ich gehöre einer bedeutenden Familie an und habe viele Beziehungen. Du mußt dich einem Kriegszug anschließen und den Skalp eines Feindes mitbringen."

Bescheiden antwortete der junge Mann: „Ich werde versuchen, zu tun, was du verlangst. Ich bin nur ein Jäger und kein Krieger. Ob ich tapfer sein werde, weiß ich nicht, aber um deinetwillen werde ich versuchen, einen Skalp zu gewinnen."

So stellte er einen Kriegszug aus sieben – ihm selbst und sechs weiteren jungen Männern – zusammen. Sie wanderten durch Feindesland in der Hoffnung, irgendwo zuschlagen zu können, erhielten jedoch keine Gelegenheit dazu, da sie keinen Feind zu Gesicht bekamen.

„Unsere Medizin ist ungünstig", sagte ihr Führer schließlich, „wir werden nach Hause zurückkehren müssen."

Bevor sie sich aber auf den Weg machten, ließen sie sich an einem herrlichen See am Fuße eines grünen Hügels nieder, der am Ufer des Sees emporragte, um zu rauchen und auszuruhen. Der Hügel war von grünem Gras bedeckt, und als sie darüber hinwegsahen, hatten sie irgendwie das Gefühl, daß er etwas Mysteriöses oder Unheimliches an sich hätte.

Es gab aber in der Gruppe einen Mann, der hieß der Spaßmacher, weil er unternehmungslustig und voller Jux war. Der starrte auf den Hügel und sagte: „Laßt uns rennen und auf die Spitze springen." „Nein", sagte der junge Liebhaber, „sitz still und rauche zu Ende."

„Ach komm, wer wird sich denn fürchten", sagte der Spaßmacher. „Hej ihr, kommt – los doch!" Und er sprang auf die Füße und rannte den Hügel hinauf.

Vier der jungen Männer folgten ihm. Als sie auf dem Gipfel des Hügels angekommen waren, begannen sie, auf und ab zu springen und im Spaß mit den Füßen aufzustampfen, und riefen dabei den anderen zu: „Los, los – kommt auch!" Plötzlich hielten sie inne – der Hügel hatte begonnen, sich zum Wasser hin zu bewegen. Es war eine riesige Schildkröte. Die fünf Männer schrien vor Schreck auf und versuchten wegzulaufen – zu spät! Eine Kraft hielt ihre Füße auf dem Rücken des Monsters fest.

„Helft uns! Zieht uns weg!" schrien sie; aber die beiden anderen konnten nichts tun. In ein paar Augenblicken hatten sich die Wogen über den fünf Männern geschlossen.

Die beiden zurückgebliebenen, der Liebhaber und sein Freund, zogen weiter, aber mit schwerem Herzen, denn sie ahnten Böses. Nach einigen Tagen kamen sie an einen Fluß. Erschöpft vor Müdigkeit warf sich der Liebhaber am Ufer nieder. „Ich werde ein Weilchen schlafen", sagte er, „denn ich bin erschöpft und todmüde."

„Und ich werde zum Wasser hinabgehen und zusehen, ob ich nicht einen toten Fisch finde. Zu dieser Jahreszeit hat das Hochwasser vielleicht einen Fisch ans Ufer gespült", sagte sein Freund.

Und wie er gesagt hatte, fand er einen Fisch, nahm ihn aus und rief den Liebhaber: „Komm und iß den Fisch mit mir. Ich habe ihn ausgenommen, ein Feuer gemacht, und er brät jetzt." „Nein, iß du ihn und laß mich schlafen", sagte der Liebhaber. „Komm doch!" „Nein, laß mich ruhen." „Aber du bist mein Freund, und ich werde den Fisch nicht essen, wenn du ihn nicht mit mir teilst."

„Nun gut", sagte der Liebhaber, „ich werde den Fisch mit dir essen, aber zuerst mußt du mir etwas versprechen. Wenn ich den Fisch esse, mußt du versprechen, dich verbürgen, mir soviel Wasser zu holen, wie ich trinken kann." „Ich verspreche es", sagte der andere, und die beiden aßen den Fisch aus ihrem Kessel für den Kriegspfad. Es gab nämlich nur einen Kessel in ihrer Gruppe.

Als sie gegessen hatten, wurde der Kessel ausgespült, und der Freund des Liebhabers brachte ihn voll Wasser zurück, das der Liebhaber auf einen Zug trank. „Bring mir mehr", sagte er.

Abermals füllte der Freund den Kessel am Fluß, und abermals leerte ihn der Liebhaber bis auf den letzten Tropfen. „Mehr!" rief er. „Oh, ich bin müde. Kannst du nicht zum Fluß gehen und dort trinken, bis du genug hast?" fragte sein Freund. „Denk an dein Versprechen." „Ja doch, aber ich bin müde. Geh jetzt und trink."

„Ek – hey, ich habe schon befürchtet, daß es so kommen würde. Jetzt werden wir Ärger bekommen", sagte der Liebhaber traurig. Er ging zum Fluß, sprang hinein und trank gierig, mit dem Kopf zum Ufer hin im Wasser liegend.

Nach einer Weile rief er seinen Freund. „Komm her, du, der mein geschworener Freund war. Komm und sieh, was durch dein gebrochenes Versprechen entstanden ist.“ Der Freund kam und sah mit Entsetzen, daß der Liebhaber von den Füßen bis zur Taille in einen Fisch verwandelt worden war.

Tieftraurig rannte er ein Stück Weges und warf sich voll Kummer zu Boden. Nach einer Weile kam er zurück. Der Liebhaber war jetzt bis zum Hals zu einem Fisch geworden.

„Kann ich diesen Teil nicht abschneiden und dich durch ein Schwitzbad zurückverwandeln?“ fragte sein Freund. „Nein, es ist zu spät. Aber sage der Tochter des Häuptlings, daß ich sie bis zum letzten Augenblick geliebt habe und um ihretwillen sterbe. Nimm diesen Gürtel und gib ihn ihr. Sie gab ihn mir als Pfand ihrer Liebe.“ Und nachdem er nun völlig zu einem großen Fisch geworden war, schwamm er in die Mitte des Flusses und blieb dort, und nur seine große Rückenflosse schaute noch aus dem Wasser heraus.

Der Freund ging nach Hause und erzählte die Geschichte. Da gab es ein großes Trauern über den Tod der fünf jungen Männer und des Liebhabers. Der große Fisch aber blieb im Fluß, die große Flosse gerade eben über der Wasseroberfläche, und die Indianer nannten ihn „Fisch-der-den-Weg-versperrt“, da er das Befahren des Flusses unmöglich machte und Kanus unter großen Mühen um das Hindernis herum getragen werden mußten.

Die Tochter des Häuptlings trauerte um ihren Liebhaber wie um einen Ehemann, und war auf keine Weise zu trösten. „Er ging aus Liebe zu mir zugrunde, und ich werde als seine Witwe weiterleben“, jammerte sie. Im Wigwam ihrer Mutter saß sie, den Kopf mit ihrem Gewand bedeckt, schweigend, und arbeitete in einem fort. „Was tut meine Tochter da?“ fragte die Mutter, aber das Mädchen anwortete nicht.

Die Tage wurden zu Monaten, und das Jahr ging vorüber – da erhob sich das Mädchen plötzlich. In den Händen hielt sie wundervolle Kleidungsstücke, genug für drei Männer. Da gab es drei Paar Mokassins, drei Paar Leggins, drei Gürtel, drei Hemden, drei Stirnbänder mit herrlichen Federn und wohlriechenden Tabak.

„Baut mir ein neues Rindenkanu", sagte sie, und so geschah es. Sie bestieg das Kanu und trieb langsam flußabwärts auf den großen Fisch zu. „Komm zurück, meine Tochter!" schrie ihre Mutter voller Verzweiflung. „Komm zurück, der große Fisch wird dich verschlingen!" Sie aber antwortete nicht.

Ihr Kanu trieb zu dem Ort, an dem die große Flosse aus dem Wasser ragte, und hielt, der Bug glitt knirschend über den Rücken des Monsters. Mutig verließ das Mädchen ihr Kanu. Eines nach dem anderen legte sie die Geschenke auf dem Rücken des Fisches nieder und verstreute dabei die Federn und den Tabak auf der breiten Rückenlinie.

„Fisch!" rief sie, „Fisch, der du mein Liebhaber warst! Weil du aus Liebe zu mir umgekommen bist, werde ich niemals heiraten, sondern mein Leben lang Witwe bleiben! Nimm diese Geschenke und nun verlasse den Fluß, damit die Wasser wieder frei ihren Lauf nehmen können und mein Volk wieder ungehindert im Kanu den Fluß hinabfahren kann."

Sie setzte sich wieder in ihr Kanu und wartete. Langsam sank der große Fisch, und seine breite Rückenflosse verschwand. So kam es, daß der St. Croix (Stillwater) befahrbar wurde.

Die Artischocke und die Bisamratte

Am Ufer eines Sees stand einmal eine Artischocke und wiegte ihre Blätter im Sonnenlicht. Sie war sehr stolz auf sich und sehr zufrieden mit der Welt. Im See aber lebte eine Bisamratte in ihrem Wigwam, und abends, bei Sonnenuntergang, stieg sie ans Ufer empor und wanderte am Rand des Wassers entlang. Eines Abends näherte sie sich dem Ort, an dem die Artischocke stand.

„Sei gegrüßt, mein Freund“, sagte sie, „du scheinst recht stolz auf dich zu sein. Wer bist du?“ „Ich bin die Artischocke“, antwortete die andere, „und ich habe eine Menge hübsche Kusinen. Aber wer bist du?“

„Ich bin die Bisamratte, und auch ich gehöre zu einer großen Familie. Ich lebe im Wasser und stehe nicht den ganzen Tag lang wie ein Stein an ein und derselben Stelle.“

„Wenn ich auch den ganzen Tag am selben Ort stehe“, gab die Artischocke zurück, „so schwimme ich wenigstens nicht in stehendem Gewässer umher und baue mein Haus nicht im Schlamm.“

„Du bist eifersüchtig auf meinen schönen Pelz“, höhnte die Bisamratte. „Mag sein, daß ich mein Haus im Schlamm baue, dafür habe ich aber immer einen sauberen Pelz. Du aber bist halb in der Erde vergraben, und wenn die Menschen dich ausgraben, bist du niemals sauber.“

„Und dein feiner Pelz riecht stets nach Moschus“, sagte die Artischocke herablassend.

„Das stimmt“, antwortete die Bisamratte, „aber die Menschen denken dennoch gut über mich. Sie stellen mir Fallen wegen der feinen Sehne in meinem Schwanz, und hübsche junge

Frauen beißen mir mit ihren weißen Zähnen den Schwanz ab, um Nähgarn daraus zu machen.“

„Das ist doch gar nichts“, lachte die Artischocke. „Hübsche junge Krieger, bemalt und mit Federn geschmückt, graben mich aus, klopfen mich mit wohlgeformten Händen ab und essen mich auf, ohne sich auch nur die Mühe zu machen, mich zu waschen.“

Das Kaninchen und der Bär aus Feuerstein

Das Kaninchen und seine Großmutter waren in großer Not, denn das Kaninchen hatte keine Pfeile mehr. Bald würde die Herbstjagd beginnen, und sein Köcher war vollkommen leer. Pfeilschäfte konnte es sich in Fülle schneiden, es hatte jedoch nichts, aus dem es sich Pfeilspitzen machen konnte.

„Du mußt ein paar Pfeilspitzen aus Feuerstein machen", sagte seine Großmutter, „dann wirst du auch Wild erlegen können." „Woher soll ich denn Feuerstein bekommen?" fragte das Kaninchen. „Von dem alten Bärenhäuptling", antwortete seine Großmutter, denn zu jener Zeit befand sich aller Feuerstein der Welt im Körper des Bären.

So machte sich das Kaninchen auf den Weg in das Dorf der Bären. Es war Winter, und die Behausungen der Bären lagen im Schutz eines Hügels, wo der kalte Wind sie nicht erreichen konnte und wo sie zwischen Bäumen und Büschen geschützt waren.

An einem Ende des Dorfes angelangt, kam das Kaninchen zu einer Hütte, in der eine alte Frau lebte. Es stieß die Tür auf und trat ein. Ein jeder, der kam, um Feuerstein zu holen, machte hier Halt, denn es war die erste Behausung am Eingang des Dorfes. Es war daher keine Seltenheit, daß sich Fremde in der Hütte der alten Frau aufhielten. Sie hieß das Kaninchen willkommen, bot ihm einen Sitzplatz an, und in der Nacht legte es sich mit den Pfoten zum Feuer nieder.

Am nächsten Morgen ging das Kaninchen zur Hütte des Bärenhäuptlings. Die beiden saßen eine Weile beisammen und rauchten. Schließlich sprach der Häuptling der Bären: „Was ist dein Begehr, mein Sohn?" „Ich bin gekommen, ein wenig Feuerstein zu holen, um Pfeilspitzen daraus zu machen", antwortete das Kaninchen.

Der Bärenhäuptling grunzte und legte die Pfeife zur Seite. Indem er sich zurücklehnte, zog er sein Gewand aus, und tatsächlich: Die eine Hälfte seines Körpers war aus Fleisch und Blut, die andere aber aus hartem Feuerstein. „Bring einen Steinhammer, und gib ihn unserem Gast", bat er seine Frau. Als das Kaninchen dann den Hammer ergriff, sagte er: „Schlag nicht zu fest zu."

„Großvater, ich werde vorsichtig sein", sagte das Kaninchen. Auf einen Streich schlug es einen kleinen Feuersteinsplitter aus dem Körper des Bären heraus. „Ni-sko-ke-cha? – So groß?" fragte es. „Fester, mein Sohn. Schlag größere Stücke heraus", sprach der Bär. Das Kaninchen schlug ein wenig fester zu. „Ni-sko-ke-cha? – So groß?" fragte es abermals. Der Bär wurde ungeduldig. „Nein, nein – schlag größere Stücke heraus. Ich kann hier nicht den ganzen Tag lang herumsitzen. Tanka kaksa wo! – Brich ein großes Stück heraus!"

Das Kaninchen schlug abermals zu – diesmal sehr, sehr fest. „Ni-sko-ke-cha?" rief es, als der Hammer herabsauste. Aber es hatte die Frage noch nicht zu Ende gebracht, da brach der Körper des Bären bereits in zwei Teile: Der Teil aus Fleisch fiel herab, und nur der Teil aus Feuerstein blieb stehen. Wie der Blitz sauste das Kaninchen aus der Hütte hinaus.

Im Dorf erhob sich großes Geschrei. Mit aufgerissenem Rachen machten sich alle Bären an die Verfolgung des Kaninchens. Im Laufen aber rief das Kaninchen: „Wa-hin-han-yo – Schnee, Schnee. Ota-po, Ota-po – mehr, viel mehr!", und es erhob sich ein gewaltiger Schneesturm.

Das Kaninchen sprang leichtfüßig über die Schneefläche dahin, die schweren Bären aber sanken ein und ruderten hilflos im Schnee herum. Als es dies bemerkte, kehrte das Kaninchen um und tötete einen nach dem anderen mit seiner Keule. Und so kommt es, daß wir heute so wenig Bären haben.

Der Waschbär und die Flußkrebse

Listig und gewitzt ist der Waschbär, sagen die Indianer, bei denen er „Geflecktes Gesicht“ genannt wird.

Ein Flußkrebs wanderte eines Abends am Ufer eines Flusses entlang, auf der Suche nach etwas Totem, um sich daran gütlich zu tun. Zur gleichen Zeit suchte auch ein Waschbär nach etwas Eßbarem. Er erblickte den Flußkrebs und machte einen Plan, um ihn zu fangen. Dazu legte er sich am Ufer nieder und stellte sich tot. Nach und nach kam der Krebs näher. „Ei!“, dachte er bei sich, „da liegt allerdings ein Festmahl. Ist er aber auch wirklich tot? Ich werde näher herangehen und ihn mit meinen Scheren kneifen, um das herauszufinden.“

So kroch er also näher und zwickte den Waschbären in die Nase und in die weichen Pfoten. Der Waschbär rührte sich nicht. Der Flußkrebs kniff ihn in die Rippen und kitzelte ihn, so daß der Waschbär Mühe hatte, sich das Lachen zu verkneifen. Schließlich verließ ihn der Flußkrebs. „Der Waschbär ist ganz sicher tot“, dachte er bei sich und eilte ins Dorf der Flußkrebse, um dem Häuptling von seinem Fund zu berichten.

Alle Bewohner des Dorfes wurden daraufhin zusammengerufen, um sich zu dem Fest zu begeben. Der Häuptling gebot den Kriegern und jungen Männern, sich die Gesichter zu bemalen und sich aufs Fröhlichste für einen Tanz zu kleiden.

So marschierten sie in einer langen Reihe – zuerst die Krieger mit ihren Waffen in der Hand, dann die Frauen mit ihren Babys und den Kindern – zu dem Ort, an dem der Waschbär lag. Sie bildeten einen großen Kreis um ihn, tanzten und sangen dabei:

„Wir feiern ein großes Fest
über dem Gefleckten Gesicht,
der Bestie mit weichen, glatten Pfoten!
Sie ist tot! Sie ist tot! Und wir tanzen!
Wir werden eine gute Zeit haben,
uns laben an ihrem Fleisch!"

Als sie aber alle tanzten, sprang der Waschbär plötzlich auf: „Wen, sagtet ihr, wollt ihr gleich fressen? Er hat ein geflecktes Gesicht, ja? Er hat weiche, glatte Pfoten, ja? Ich werde euch euer häßliches Genick und die groben Knochen brechen. Eure häßlichen, groben Beine werde ich zermalmen." Und er warf sich zwischen die Flußkrebse und tötete sie zu Dutzenden. Die Krebs-Krieger kämpften tapfer, und die Frauen rannten schreiend davon – alles vergebens. Nicht sie taten sich an ihm gütlich, sondern umgekehrt!

Die Legende von Standing Rock

Ein Dakota hatte eine Frau der Arikara geheiratet und mit ihr ein Kind bekommen. Nach einiger Zeit nahm er eine weitere Frau. Seine erste Frau aber war eifersüchtig und schmollte. Als es für das Dorf Zeit wurde, das Lager abzubrechen, weigerte sie sich, ihren Platz am Boden des Zeltes zu verlassen. Das Zelt wurde abgebrochen, sie jedoch blieb auf dem Boden sitzen, mit ihrem Baby auf dem Rücken. Die übrigen aus dem Lager und ihr Ehemann zogen davon.

Am Nachmittag ließ der Ehemann die Marschkolonne halten. „Geht zurück zu eurer Schwägerin", sagte er zu seinen beiden Brüdern. „Sagt ihr, sie möge kommen, und wir werden euch hier erwarten. Beeilt euch aber, denn ich fürchte, daß sie verzweifelt und sich umbringt."

Die beiden ritten davon und gelangten gegen Abend an ihren früheren Lagerplatz. Die Frau saß noch immer am Boden. Der Ältere sprach zu ihr: „Schwägerin, steh auf. Wir sind deinetwillen gekommen. Das Lager wartet auf dich." Sie aber antwortete nicht, und so streckte er seine Hand aus und berührte ihren Kopf: Sie war zu Stein geworden!

Die beiden Brüder trieben ihre Ponys mit Schlägen an und kamen zurück zum Lager. Dort erzählten sie ihr Erlebnis, aber man glaubte ihnen nicht. „Die Frau hat sich selbst getötet, und meine Brüder wollen es mir nicht sagen", sprach der Ehemann. Dennoch brach das ganze Dorf das Lager ab und kehrte an den Ort zurück, wo sie die Frau verlassen hatten. Und wirklich: Dort saß sie, ganz still, ein Felsblock.

Die Indianer gerieten in helle Aufregung. Sie wählten ein kräftiges Pony aus, bauten eine neue Schleppe und legten den

Stein in das Tragnetz zwischen den beiden Stangen, die an die Flanken des Ponys gehängt wurden. Pony und Schleppe wurden prächtig bemalt und mit Wimpeln geschmückt. Der Stein galt als „wakan", das bedeutet heilig, und erhielt einen Ehrenplatz im Zentrum des Lagers. Bei jedem Wechsel des Lagerplatzes wurde auch der Stein mitgenommen. So wurde die steinerne Frau über viele Jahre umhergetragen und schließlich zur Niederlassung von Standing Rock gebracht. Dort ruht sie nun vor dem Büro der Indianeragentur auf einem Podest aus Ziegelsteinen. Und von diesem Stein läßt sich auch der Name der Niederlassung herleiten: Standing Rock – Stehender Fels.

Die Geschichte der Friedenspfeife

Zwei junge Männer gingen eines Nachts spazieren und sprachen über Liebesgeschichten. Sie gingen um einen Hügel herum und gelangten an einen steilen Abhang oder eine Schlucht. Plötzlich sahen sie daraus eine wunderschöne Frau emporkommen. Sie war bemalt, und ihr Gewand war aus allerfeinstem Material.

„Was für ein wunderschönes Mädchen", sagte der eine der jungen Männer. „Ich bin schon in sie verliebt. Ich werde sie rauben und zu meiner Frau machen." „Nein", sagte der andere. Tu ihr nichts zuleide, sie könnte heilig sein."

Die junge Frau näherte sich und hielt eine Pfeife, die sie erst gen Himmel hob, zur Erde richtete, und dann voranschritt, wobei sie die Pfeife in den ausgestreckten Händen hielt.

„Ich weiß, was ihr jungen Männer gerade gesprochen habt; einer von euch ist gut, der andere aber ist hinterlistig", sagte sie. Sie legte die Pfeife zu Boden und wurde im nächsten Augenblick zu einer Büffelkuh. Die Kuh scharrte den Boden mit den Hufen, streckte den Schwanz geradeaus und hob dann mit den Hufen die Pfeife wieder vom Boden auf. Sofort wurde sie wieder zu einer jungen Frau.

„Ich bin gekommen, euch dieses Geschenk zu bringen. Es ist die Friedenspfeife. Fortan sollen Verträge erst geschlossen und Zeremonien erst dann abgehalten werden, nachdem diese Pfeife geraucht wurde. Sie soll euch friedvolle Gedanken bringen. Ihr sollt sie dem Großen Mysterium und der Mutter Erde darbieten."

Die beiden jungen Männer rannten zurück ins Dorf und berichteten, was sie gesehen und gehört hatten. Das gesamte

Dorf kam heraus zu der Stelle, an der sich die junge Frau befand. Sie wiederholte ihnen, was sie den jungen Männern bereits verkündet hatte, und fügte hinzu: „Wenn ihr die Geister der Verstorbenen ruft, so müßt ihr dazu die Haut eines weißen Büffels haben."

Sie übergab die Pfeife den Medizinmännern des Dorfes, verwandelte sich wieder in eine Büffelkuh und eilte fort in das Land der Büffel.

Schüchterne Brautwerbung

Einst lebte ein junger Mann bei seiner Großmutter, der war ein guter Jäger und wollte heiraten. Er kannte ein Mädchen, das war eine gute Mokassinmacherin, gehörte jedoch zu einer bedeutenden Familie. Er fragte sich daher, wie er sie gewinnen könnte.

Eines Tages ging sie an seinem Zelt vorbei, auf dem Weg zum Fluß, um Wasser zu holen. Seine Großmutter im Wigwam aber arbeitete gerade in einem Paar alter, abgetragener und labberiger Mokassins.

Der junge Mann sprang auf: „Schnell, Großmutter, gib mir diese alten, ausgetretenen Mokassins an deinen Füßen", rief er. „Meine alten Mokassins! Was willst du damit?" rief die erstaunte Frau. „Zerbrich dir jetzt nicht den Kopf darüber! Rasch! Ich habe keine Zeit für Erklärungen!" antwortete der Enkel, als er nach den abgenutzten Mokassins griff, die die alte Dame ausgezogen hatte, und selbst hineinschlüpfte. Er warf sich ein Gewand über die Schultern, glitt durch die Zeltklappe hinaus und eilte zur Wasserstelle, wo soeben das Mädchen mit ihrem Eimer angelangt war.

„Laß mich den Eimer für dich füllen", sagte der junge Mann. „Oh nein, das kann ich selbst." „Laß mich ruhig, ich kann in den Schlamm treten. Du magst dir doch gewiß nicht deine Mokassins schmutzig machen." Sprach's, nahm den Eimer und stieg in den Schlamm, achtete dabei aber darauf, daß das Mädchen seine alten, abgetragenen Mokassins deutlich sehen konnte.

Sie kicherte denn auch ganz offen darüber. „Du meine Güte, was du für alte Mokassins hast", rief sie. „Ja, ich habe niemanden, der mir ein Paar neue macht", antwortete er. „Warum sagst du nicht deiner Großmutter, daß du ein Paar neue Mokassins brauchst?" „Sie ist alt und blind und kann sie nicht mehr machen, daher möchte ich dich haben", antwortete er.

„Oh, du machst dich nur über mich lustig. Du sagst nicht die Wahrheit." „Ich sage sehr wohl die Wahrheit. Wenn du mir nicht glaubst, komm mit mir – jetzt gleich."

Das Mädchen blickte zu Boden; und der Knabe folgte ihrem Blick. Schließlich fragte er leise: „Nun, wie hast du dich entschieden? Soll ich dir den Eimer tragen, oder möchtest du mit mir gehen?" Und noch leiser antwortete sie: „Ich denke, ich gehe mit dir!"

Als die Tante des Mädchens zum Fluß herabkam und sich fragte, was ihre Nichte dort so lange zu tun hätte, fand sie im Schlamm die Spuren von zwei Paar Mokassins dicht beieinander; und am Wasser stand ein leerer Eimer.

Des Einfältigen Weisheit

Es waren einmal ein Mann und seine Frau, die hatten eine Tochter. Mutter und Tochter waren einander tief verbunden, und als die Tochter starb, war die Mutter untröstlich. Sie schor sich das Haar und brachte sich Schnitte in die Wangen bei, und so saß sie vor dem Leichnam, das Gewand über den Kopf gezogen, und trauerte über die Tote. Auch gestattete sie niemandem, deren Körper zu berühren, um ihn zu einem Begräbnisgerüst zu bringen. Sie hielt ein Messer in der Hand, und sobald irgend jemand Miene machte, sich zu nähern, schrie sie: „Ich bin des Lebens müde, es bedeutet mir nichts mehr. Ich ersteche mich mit diesem Messer und gehe zu meiner Tochter ins Land der Geister."

Ihr Ehemann und die Verwandten versuchten erfolglos, ihr das Messer wegzunehmen. Sie scheuten sich, Gewalt anzuwenden, aus Sorge, sie könnte sich umbringen. So versammelten sie sich, um zu beraten, was man tun könne. „Wir müssen ihr das Messer wegnehmen", sagten sie.

Schließlich riefen sie einen Jungen, eine Art Einfaltspinsel, allerdings mit einem Großteil angeborener Schläue. Er war Waise und sehr arm. Seine Mokassins waren an den Sohlen eingerissen, und er kleidete sich in Wei-zi, das bedeutet rohe, geräucherte Büffelhaut.

„Geh zum Wigwam der trauernden Mutter", sprachen sie zu dem Einfältigen, „und versuche, sie auf irgendeine Weise zum Lachen zu bringen und zu erreichen, daß sie ihre Trauer vergißt. Dann versuche, ihr das Messer wegzunehmen."

Der Junge aber ging zum Zelt und setzte sich an dessen Eingang nieder, als ob er darauf wartete, daß man ihm etwas gab.

Der Leichnam lag an seinem Ehrenplatz, an dem das Mädchen zu Lebzeiten geschlafen hatte. Der Körper war in ein reiches Gewand gehüllt und mit Seilen umwickelt. Freunde hatten ihn aus Respekt vor der Toten mit reichen Gaben bedeckt.

Als die Mutter mit verhülltem Haupt am Boden saß, nahm sie den Jungen zunächst nicht wahr, welcher schweigend dasaß. Nachdem seine Zurückhaltung sich jedoch ein wenig gelegt hatte, begann er zunächst leicht, dann kräftiger, mit seinen Händen auf den Boden zu trommeln. Nach einer Weile begann er, ein lustiges Lied zu singen. Lauter und lauter sang er, bis er, vom eigenen Gesang mitgerissen, aufsprang und zu tanzen begann. Gleichzeitig vollführte er alle möglichen Gesten und verdrehte den Körper, ohne dabei jedoch sein lustiges Lied zu unterbrechen. Als er sich dem Leichnam näherte, machte er mit den Händen eine segnende Geste. Die Mutter steckte den Kopf unter der Decke hervor, und als sie den armen Einfaltspinsel mit seinen merkwürdigen Grimassen sah, der versuchte, dem Leichnam durch sein ernsthaftes Wedeln und Winken Ehre zu erweisen und dabei gleichzeitig sein komisches Liedchen weitersang, brach sie in Lachen aus. Dann streckte sie die Hand aus und gab dem Einfältigen ihr Messer.

„Nimm das Messer", sagte sie. „Du hast mich gelehrt, meine Trauer zu vergessen. Wenn ich auch während der Trauer um die Tote noch fröhlich sein kann, gibt es keinen Grund zur Verzweiflung für mich. Ich möchte nicht mehr sterben, sondern für meinen Mann leben."

Der Einfältige aber verließ das Zelt und brachte dem erstaunten Ehemann und den Verwandten das Messer. „Wie hast du das geschafft? Hast du es ihr mit Gewalt weggenommen oder gestohlen?" fragten sie.

„Sie gab es mir. Wie hätte ich es ihr mit Gewalt nehmen oder stehlen können, wenn sie es in der Hand hielt, die Klinge nach oben gerichtet? Ich sang und tanzte für sie, und sie brach in Gelächter aus. Dann gab sie mir das Messer", antwortete er.

Nachdem die Dorfältesten die Erzählung des Waisenjungen vernommen hatten, schwiegen sie lange Zeit. Es war eine seltsame Sache, daß ein Junge in einem Zelt tanzte, in dem getrauert wurde. Und es war noch ungewöhnlicher, daß eine Mutter in einem Wigwam im Angesicht des Leichnams ihrer Tochter lachte. Schließlich traten die alten Männer zu einer Ratsversammlung zusammen. Lange Zeit saßen sie, ohne ein Wort, denn sie wollten nicht überstürzt entscheiden. Die Pfeife wurde gestopft und ging viele Male im Kreis herum. Zuletzt sprach ein alter Mann: „Wir stehen vor einer schwierigen Frage. Eine Mutter hat im Angesicht des Leichnams ihrer Tochter gelacht, und viele halten dies für die Tat einer Närrin. Ich aber meine, sie hat weise gehandelt. Der Bursche war einfältig und hatte keine Übung, und wir können nicht von ihm erwarten, zu wissen, wie man sich verhält, wie wir dies bei jemandem tun können, der aus gutem Haus kommt und Eltern hat, die es ihm beibringen. Außerdem tat er das beste, was er wußte. Er tanzte, um die Mutter ihre Trauer vergessen zu lassen, und er versuchte, dem Leichnam Ehre zu erweisen, indem er mit seinen Händen darüber hinfuhr."

„Die Mutter tat Recht daran, zu lachen, denn wenn jemand versucht, uns Gutes zu tun, selbst wenn sein Handeln uns Unbehagen verursacht, sollten wir stets eher an die Absicht als an die Tat selbst denken. Und ganz nebenbei rettete die Tat des Einfältigen das Leben der Frau, denn sie gab das Messer fort. Auch in diesem Punkt hat sie gut gehandelt, denn es ist immer besser, für die Lebenden zu leben als für die Toten zu sterben."

Kleiner Krieger und die Medizinfrau

Ein Indianerdorf verließ sein Winterlager und errichtete seine Zelte im Kreis auf einem erhöhten Landstrich, von dem aus man über einen See blicken konnte. Ein kurzes Stück Weg den Abhang hinunter lag ein Grab. Wildkirschen waren darüber gewachsen und entzogen es den Blicken Vorübergehender. Da der Boden darüber jedoch ein wenig eingesunken war, so war das Grab an einer kleinen Vertiefung zu erkennen.

Einmal geschah es, daß einer der Dorfbewohner auf dem Weg zur Jagd eine Abkürzung durch die Wildkirschenbüsche nahm. Wie er die Zweige zur Seite schob, sah er die Vertiefung des Grabes, hielt sie jedoch für eine vom Regen ausgewaschene Stelle. Als er aber versuchte, darüber hinwegzugehen, stolperte er zu seiner Überraschung und stürzte zu Boden. Durch diesen unerklärlichen Fehltritt neugierig geworden, ging er ein Stück zurück und versuchte es abermals. Wieder stürzte er zu Boden. Nachdem er ins Dorf zurückgekehrt war, berichtete er den Ältesten, was ihm widerfahren war. Da erinnerten sie sich, daß an dieser Stelle vor langer Zeit eine Medizinfrau oder Geisterbeschwörerin begraben worden war. Ohne Zweifel war es ihre Medizin, die das Stolpern verursacht hatte.

Die Geschichte des Dorfbewohners verbreitete sich im Lager und machte viele neugierig, das Grab zu sehen. Unter diesen waren auch sechs kleine Jungen, die jedoch recht furchtsam waren, da sie große Ehrfurcht vor der toten Medizinfrau hatten. Sie hatten aber auch einen kleinen Spielgefährten, Kleiner Krieger genannt, einen mutwilligen kleinen Schelm, dessen Haar ihm stets ungekämmt um den Kopf flog und der keinen Augenblick stillsitzen konnte.

„Laßt uns Kleiner Krieger fragen, ob er mit uns geht", sagten sie und gingen alle zusammen zu ihm. „In Ordnung, ich gehe mit euch", antwortete dieser, „aber zunächst habe ich noch etwas zu tun. Ihr geht in dieser Richtung um den Hügel herum, und ich werde rasch in der anderen Richtung herumgehen und euch wenig später in der Nähe des Grabes treffen."

So gingen also die sechs kleinen Jungen los, wie er es ihnen gesagt hatte, und gelangten an einen Ort in der Nähe des Grabes. Dort machten sie halt. „Wo ist Kleiner Krieger?" fragten sie.

Kleiner Krieger aber hatte in seinem Übermut beschlossen, seinen kleinen Freunden einen Streich zu spielen. Sobald diese nämlich außer Sichtweite waren, rannte er rasch um den Hügel herum ans Ufer des Sees, steckte seine Hände in den Schlamm und rieb sich damit über das Gesicht, schmierte sich Schlamm ins Haar und über die Hände, bis er aussah wie ein eben auferstandener Leichnam, dem das Fleisch faulend von den Knochen hängt. Dann ging er los, legte sich in die Vertiefung des Grabes und wartete auf die Jungen.

Als die sechs kleinen Jungen ankamen, fürchteten sie sich mehr denn je, als sie Kleiner Krieger nicht fanden. Gleichzeitig fürchteten sie sich aber auch davor, ins Dorf zurückzukehren, ohne das Grab gesehen zu haben, aus Angst, die Ältesten könnten sie Feiglinge nennen. So näherten sie sich langsam dem Grab, und einer von ihnen rief furchtsam: „Großmutter, bitte, wir möchten deine Ruhe nicht stören. Wir möchten nur sehen, wo du liegst. Sei nicht böse." Sofort rief eine dünne, zittrige Stimme, wie die einer alten Frau: „Han, han, takoja, hechetuya, hechetuya! – Ja, ja, das ist gut so!"

Die Jungen aber fürchteten sich über die Maßen, glaubten sie doch, die alte Frau sei wieder zum Leben erwacht. „Großmutter", stammelten sie, „tu uns nichts zuleide, wir gehen ja schon.“ In diesem Augenblick schob Kleiner Krieger sein schlammiges Gesicht und seine von Schlick bedeckten Hände durch das Gebüsch. Mit dem glitschigen Modder, der an ihm herabtropfte, sah er aus wie eine echte, gerade dem Grabe entstiegene Hexe. Die kleinen Jungen schrien laut auf, und einer von ihnen wurde ohnmächtig. Die übrigen rannten schreiend den Hügel hinauf ins Dorf, wo sich jeder von ihnen sofort im Wigwam seiner Mutter verkroch.

Da in einem Lager der Dakota alle Zelteingänge zur Mitte des Kreises gerichtet sind, waren die Jungen, als sie in das Lager gerannt kamen, auch von jedem Zelt aus gut zu sehen. Als sie das Geschrei vernahmen, rannte jede Frau im Lager sofort zum Eingang ihres Zeltes, um nachzusehen, was geschehen war. Genau in diesem Augenblick kam Kleiner Krieger, genauso verängstigt wie die Jungen, hinter ihnen her ins Lager gerannt, das Haar offen und mit Schlamm bedeckt, und schrie, ohne sich über sein Aussehen im klaren zu sein: „Ich bin es! Ich bin es!“

Die Frauen schrien auf und stürzten in Panik aus dem Lager. Kleiner Krieger stürmte in das Zelt seiner zu Tode erschreckten Mutter, die Töpfe und Kessel fallen ließ, aus dem Zelt stolperte und schreiend dem Rest der Frauen folgte. Nicht einer der Dorfbewohner wagte, sich Kleiner Krieger zu nähern, bis dieser zum See hinabgegangen war und sich gewaschen hatte.

Die gefesselten Kinder

Einst lebte eine Witwe mit zwei Kindern – das ältere eine Tochter, das jüngere ein Sohn. Lange Zeit ging die Witwe in Trauer um ihren Mann. Sie schnitt sich das Haar ab, ihr Gewand hing unordentlich am Körper, sie bemalte sich nicht, noch wusch sie sich das Gesicht.

Im selben Dorf aber lebte ein großer Häuptling, der hatte einen Sohn, welcher just alt genug geworden war, um zu heiraten. Der Häuptling hatte seinen Wunsch kundgetan, daß sein Sohn sich eine Frau nehme, und alle jungen Frauen im Dorf waren darum bemüht, den jungen Mann zu ehelichen. Ihm gefiel jedoch keine unter ihnen.

Nun dachte die Witwe bei sich: „Ich bin es leid, um meinen Gatten zu trauern und für meine Kinder zu sorgen. Wenn ich meine Trauer ablege und rote Farbe auftrage, so heiratet mich der Sohn des Häuptlings vielleicht."

So schlich sie sich von ihren beiden Kindern fort, lief heimlich zum Fluß hinab und schlug ein Loch ins Eis, um zu baden. Als sie alle Zeichen der Trauer abgewaschen hatte, bemalte und schmückte sie sich und ging zum Wigwam des Häuptlings. Als dessen Sohn ihrer ansichtig wurde, verliebte er sich in sie, und man gab ein Festmahl, um ihre Vermählung zu feiern.

Als die Tochter der Witwe sich verlassen sah, weinte sie bitterlich. Nach einem oder zwei Tagen nahm sie ihren kleinen Bruder auf den Arm und ging zum Wigwam einer alten Frau, die an einem Ende des Dorfes lebte. Der wacklige Wigwam der alten Frau war aus Rinde, und ihre Kleidung bestand aus alter, im Rauch getrockneter, lederner Zeltplane. Sie war jedoch freundlich zu den beiden Waisen und nahm sie bereitwillig auf.

Das kleine Mädchen wollte nun unbedingt auf die Suche nach seiner Mutter gehen. Die alte Frau aber sprach zu ihr: „Ich fürchte, deine Mutter hat ihr Gesicht rot bemalt. Versuch nicht, sie zu finden. Wenn sie den Sohn des Häuptlings heiratet, wird sie sich nicht mit dir belasten wollen."

Die alte Frau hatte recht. Das Mädchen ging zum Fluß hinab und fand dort tatsächlich das Loch im Eis und den Schmutz, den die Mutter sich vom Körper abgewaschen hatte. Das Mädchen sammelte den Schmutz zusammen und ging weiter. Nach einer Weile kam es zu einem zweiten Loch im Eis. Auch hier lag Schmutz, jedoch nicht so viel wie am ersten Loch. Am dritten Loch aber war das Eis sauber.

Da wußte das Mädchen, daß seine Mutter ihr Gesicht rot bemalt hatte.

Sofort ging es zum Wigwam des Häuptlings, hob die Klappe am Eingang und trat ein. Da saß ihre Mutter mit dem Sohn des Häuptlings beim Hochzeitsmahl. Das Mädchen aber trat auf seine Mutter zu und schleuderte ihr den Schmutz ins Gesicht. „Das ist für dich! Zwei hilflose Kinder hast du im Stich gelassen und deinen Mann vergessen!" schrie sie. Und im selben Augenblick wurde ihre Mutter zu einer furchtbar häßlichen, alten Frau.

Das Mädchen aber ging wieder zur Behausung der alten Frau und ließ das Lager in heller Aufregung zurück. Der Häuptling sandte schon bald ein paar junge Krieger, die das junge Mädchen und ihren Bruder ergriffen und in sein Zelt schleppten. Er schäumte vor Wut.

„Fesselt die Kinder rundum mit dem Lasso, und laßt sie zurück, damit sie verhungern. Unser Lager zieht weiter", sprach er. Der Sohn des Häuptlings verstieß seine Frau nicht, sondern hoffte, sie möge vielleicht auf irgendeine Weise geheilt und wieder verjüngt werden.

Jeder im Lager bereitete sich nun auf den Abmarsch vor; die alte Frau aber trat nahe an das Mädchen heran und flüsterte: „In meinem alten Wigwam habe ich ein Loch gegraben und darin einen Topf mit Zunder, Stahl und Feuerstein und Packen mit Trockenfleisch versteckt. Man wird euch wie einen Leichnam verschnüren. Bevor wir uns aber auf den Weg machen, werde ich mit einem Messer kommen und so tun, als würde ich euch erstechen. In Wirklichkeit aber werde ich das Seil durchschneiden, so daß ihr euch befreien könnt, sobald wir außer Sichtweite sind und man euch nicht mehr hören kann."

Bevor nun das Lager abgebrochen wurde, kam die alte Frau zu dem Ort, an dem die beiden Kinder gefesselt lagen. In der Hand hielt sie ein Messer, das wie eine Lanze an das Ende eines Stockes gebunden war. Sie stellte sich über die beiden Kinder und rief laut: „Du verdorbenes Mädchen, hast deine Mutter zum Gespött gemacht. Du verdienst deine Strafe voll und ganz. Dennoch will ich euch nicht hier liegen und verhungern lassen. Besser töte ich euch hier und jetzt, und damit ist die Angelegenheit beendet." Sprach's und stieß mit ihrem Stock und dem daran gebundenen Messer viele Male zu, als ob sie die beiden töten wolle. In Wirklichkeit aber zerschnitt sie nur das Seil.

Das Lager zog weiter, die beiden Kinder aber blieben bis zum Nachmittag des folgenden Tages am Boden liegen. Dann begannen sie, sich hin und her zu winden und zu drehen. Bald war das Mädchen frei und half auch seinem Bruder, loszukommen.

Sofort gingen die beiden zu der Hütte der alten Frau, wo sie den Stahl und Feuerstein und die Packen mit getrocknetem Fleisch fanden. Das Mädchen fertigte seinem Bruder einen Bogen und Pfeile, und damit erlegten sie Vögel und andere

Kleintiere. Der Junge wuchs heran und wurde zu einem großen Jäger. Die beiden wurden reich und errichteten drei große Wigwams. In einem davon hingen Reihe um Reihe geflochtene Taschen, die mit getrocknetem Fleisch gefüllt waren.

Als der Bruder eines Tages auf die Jagd gegangen war, traf er einen stattlichen jungen Fremden, der grüßte ihn und sprach: „Ich weiß, du bist ein guter Jäger, denn ich habe dich beobachtet; auch deine Schwester ist sehr fleißig. Gib sie mir zur Frau, dann sind wir Brüder und jagen gemeinsam."

Der Bruder des Mädchens kehrte nach Hause zurück und berichtete ihr, was der junge Fremdling gesagt hatte. „Bruder, ich möchte nicht heiraten", antwortete sie. „Ich bin jetzt glücklich mit dir." „Verheiratet wirst du aber noch glücklicher sein", gab er zurück, „und der fremde Jüngling ist aus keiner einfachen Familie, wie man an seiner Kleidung und seinen Manieren erkennen kann." „Nun gut, ich werde tun, wie du sagst", sprach sie. So zog der Fremde in den Wigwam und wurde der Gatte des Mädchens.

Als sie eines Tages in ihrem Zelt saßen, flog eine Krähe darüber hinweg und krächzte laut: „Krah, krah; die ihre Kinder im Stich ließen, sind ohne Fleisch!" Das Mädchen, ihr Mann und ihr Bruder sahen einander an. „Was mag das bedeuten?" fragten sie sich. „Laßt uns nach Unktomi, der Spinne, schicken. Er ist ein guter Ratgeber und wird es wissen." „Und ich werde eine gute Mahlzeit für ihn bereiten, denn Unktomi ist immer hungrig", sagte das Mädchen.

Als Unktomi kam, sperrte er sein gelbes Maul auf vor Vergnügen über das reiche Mahl, das da vor ihm ausgebreitet wurde. Nachdem er gegessen hatte, erzählten sie ihm, was die Krähe gesagt hatte.

„Die Krähe will sagen", sprach Unktomi, „daß die Dorfbewohner und der Häuptling, die euch damals gefesselt und zurückgelassen haben, gar übel in der Klemme stecken. Sie haben fast nichts zu essen und sind am Verhungern.“

Als das Mädchen dies vernahm, schnürte es ein Bündel besten Fleisches und rief die Krähe. „Bring dies zu den verhungernden Dorfbewohnern“, bat sie.

Die Krähe nahm das Bündel in ihren Schnabel, flog zu dem verhungernden Dorf und ließ es vor dem Zelt des Häuptlings zu Boden fallen. Der Häuptling trat heraus, und die Krähe rief laut: „Krah, krah! Die Kinder, die zurückgelassen wurden, haben viel Fleisch; die sie zurückließen, haben keins.“

„Was kann die Krähe damit meinen?“ riefen die erstaunten Bewohner des Dorfes. „Laßt uns nach Unktomi schicken. Er ist ein weiser Ratgeber und wird es uns erklären.“ Sie teilten das Bündel unter den Hungernden auf, bewahrten aber das größte Stück für Unktomi auf.

Nachdem Unktomi gekommen war und gegessen hatte, berichteten ihm die Bewohner des Dorfes von der Krähe und fragten, was die Worte des Vogels bedeuteten. „Die Krähe meint“, sprach Unktomi, „daß die beiden Kinder, die ihr ausgesetzt habt, Zelte voller Trockenfleisch haben, genug für das ganze Dorf.“

Diese Nachricht erfüllte die Dorfbewohner mit Erstaunen. Um herauszufinden, ob die Nachricht der Wahrheit entsprach, rief der Häuptling sieben junge Männer herbei und sandte sie aus, um nachzusehen. Sie kamen zu den drei Wigwams und trafen dort den Bruder des Mädchens und dessen Ehemann, die gerade zur Jagd aufbrachen, denn dies taten sie zu ihrem Vergnügen auch weiterhin.

Der Bruder des Mädchens lud die sieben jungen Männer in das dritte, das heilige Zelt ein, und nachdem sie gemeinsam eine Pfeife geraucht und die Asche an einem Büffelknochen ausgeklopft hatten, gab ihnen der Bruder Fleisch zu essen, das sie gierig verschlangen.

Am folgenden Tag beluden sie alle sieben jungen Männer mit Ballen voll Fleisch und sagten: „Bringt dieses Fleisch ins Dorf und führt die Bewohner hierher.“

Während sie die Rückkehr der jungen Männer und der Dorfbewohner erwarteten, schnürte das Mädchen zwei Bündel mit Fleisch: eines mit den erlesensten und schönsten Stükken und ein anderes mit Leber, sehr trocken und schwer zu essen. Einige Tage später traf die Gruppe ein. Die Mutter der jungen Frau öffnete die Zeltklappe, stürzte hinein und rief: „Oh meine liebe Tochter, welch ein Glück, dich zu sehen!“ Die Tochter aber empfing sie kühl und abweisend und gab ihr das Bündel mit getrockneter Leber zu essen. Als aber die alte Frau das Zelt betrat, die das Leben der Kinder gerettet hatte, empfing das junge Mädchen sie herzlich, nannte sie Großmutter und gab ihr das Paket mit dem erlesenen Fleisch mit Knochenmark.

Das Dorf schlug dann sein Lager auf und lebte von den Fleischvorräten den ganzen Winter über, bis das Frühjahr kam. Und obwohl sie so zahlreich waren, war der Überfluß an Vorräten so groß, daß noch immer eine Menge übrig war.

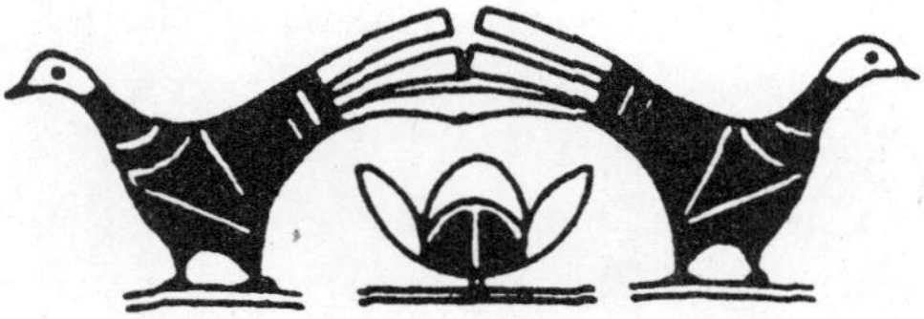

Wie die Sioux ihren Mais säen

Wenn die Indianer ihren Mais pflanzen, so ist es Sache der Frauen, das beste Saatgut auszuwählen und zu reinigen. Auch das Pflanzen wird von den Frauen besorgt. So war es zumindest in alten Zeiten.

Nachdem sie das beste Saatgut ausgewählt hat, mißt die Pflanzerin den Mais ab. Dann legt sie eine Schicht Heu auf den Boden und streut eine Schicht Maiskörner darüber. Diese Körner werden wieder mit einer Schicht Heu bedeckt. Sodann sprenkelt sie warmes Wasser über diesen Mais und bedeckt ihn mit einer weiteren Schicht Heu. Diese Lagen werden dann mit noch mehr Heu zu einem Bündel geschnürt und an einem Ort aufgehängt, der gut von der Sonne beschienen ist.

Während die Maiskörner in der Sonne hängen, wird der Boden für die Aufnahme der Saat vorbereitet. Nachdem dies geschehen ist, nimmt die Frau die inzwischen ausgekeimte Maissaat ab und beginnt mit dem Einpflanzen.

Vor dem Bepflanzen des ersten Hügels richtet sie ihre Hacke gen Himmel und bittet den Großen Geist, ihre Arbeit zu segnen und ihr eine gute Ernte zu bescheren. Nach dem Gebet nimmt sie vier Sämlinge und pflanzt je einen gen Norden, Süden, Osten und Westen des ersten Hügels. Damit bittet sie den Großen Geist um Sommerregen und Sonnenschein für eine reiche Ernte.

Für die verschiedenen Arten des Wachstums der Maispflanzen haben die Frauen jeweils ihre eigene Auslegung bezüglich des Charakters der Person, die den Mais gepflanzt hat:

✱ Wächst der Mais in graden Reihen und sind die Kolben bis zur Spitze voller Körner, so bedeutete dies, daß die Pflanzerin von beispielhaftem Charakter und sehr wahrheitsliebend und bedachtsam ist.

✷ Sind die Reihen der Maisstengel unregelmäßig und lückenhaft, so gilt die Pflanzerin als sorglos und unachtsam, außerdem als unordentlich und schlampig, was ihren Haushalt und die eigene Person betrifft.

✷ Trägt ein Maiskolben einige vertreute Körner in großem Abstand voneinander, so sagt man, dies sei ein gutes Zeichen dafür, daß die Pflanzerin ein hohes und reifes Alter erreicht. Sie wird so alt, daß ihr Gebiß aussieht wie die Körner des Maiskolbens, die in weitem Abstand voneinander stehen.

✷ Trägt ein Stengel zahlreiche Maiskolben oder wachsen kleine Kolben um einen größeren herum, so bedeutet dies, daß die Pflanzerin aus einer großen und respektablen Familie stammt.

Nach der Ernte wird der Mais zu süßem Mais gekocht und zu Maisbrei verarbeitet. Getrocknet und mit Büffeltalg vermischt und zu Kugeln geformt, wird er dann zu festlichen Gelagen oder von den Kriegern als Nahrung auf dem Kriegspfad verzehrt.

War die Maisernte gut, so bindet man stets einen Maiskolben an die Spitze des Medizinpfahls für den Sonnentanz, als Dank an den Großen Geist und für dessen Güte, eine reiche Maisernte zu senden.

Die Geschichte der Kaninchen

Weil das Volk der Kaninchen von allen anderen Völkern überrannt wurde, waren sie in sehr trüber Stimmung. Da sie ihrem Häuptling gegenüber sehr folgsam waren, gehorchten sie ihm aufs Wort. Eine seiner Anweisungen lautete, beim Herannahen eines anderen Volkes seinem Beispiel zu folgen, zwischen die Felsen und in ihre Bauten zu rennen und sich nicht blicken zu lassen, bis die Fremden wieder fort waren. So taten sie es jedes Mal. Selbst das Zirpen einer Grille konnte sie Hals über Kopf in ihre Höhlen scheuchen.

Eines Tages hielten sie eine große Beratung ab, und als sie über alles einige Zeit lang gesprochen hatten, überließen sie schließlich ihrem Medizinmann die Entscheidung.

Und der Medizinmann erhob sich und sprach: „Meine Freunde, wir sind auf dieser Erde ohne Nutzen. Es gibt auf dieser Welt nicht ein Volk, das uns fürchtet, und wir selbst sind so furchtsam, daß wir nicht in der Lage sind, uns zu verteidigen. Das beste ist es also, die Erde von unserem Volk zu befreien, indem wir alle zu dem großen See hinübergehen und uns darin ertränken."

So wurde es beschlossen. Als sie aber nun zu dem See gingen, um sich darin zu ertränken, hörten sie ein Platschen im Wasser, und als sie hinsahen, erblickten sie eine Menge Frösche, die ins Wasser sprangen.

„Wir werden uns nicht ertränken", sprach der Medizinmann, „wir haben ein Volk gefunden, das sich vor uns fürchtet. Es ist das Volk der Frösche."

Hätte es also die Frösche nicht gegeben, so hätten wir heute keine Kaninchen, da sie sich allesamt ertränkt hätten und damit ausgestorben wären.

Wie das Kaninchen seinen Schwanz verlor

Es waren einmal zwei Brüder, der eine von ihnen ein mächtiger Geist, der andere aber ein Kaninchen. Wie alle Geister konnte sich der Ältere in jedes beliebige Tier, in jeden Vogel und Fisch, aber auch in eine Wolke oder in Blitz und Donner und überhaupt in alles verwandeln, das sein Herz begehrte.

Das Kaninchen, der jüngere Bruder, war sehr arglistig. Es geriet beständig in alle Arten von Schwierigkeiten, und sein Bruder war dauernd damit beschäftigt, ihm stets aufs neue aus der Klemme zu helfen.

Als das Kaninchen ausgewachsen war, wollte es umherziehen und etwas von der Welt sehen. Als es dem Bruder von seiner Absicht erzählte, sagte dieser: „Nun, mein Lieber, du bist arglistig, sei also sehr vorsichtig, und halte dich von Ärger fern, so gut es geht. Solltest du aber einmal in ernsthafte Schwierigkeiten geraten und kannst dir nicht selbst helfen, so ruf mich zur Hilfe, und ich werde kommen, ganz gleich wo du bist."

Das Kaninchen zog also von dannen und kam am ersten Tag an ein sehr großes Haus, vor dem eine sehr große Fichte stand. Der Baum war so groß, daß das Kaninchen kaum die Spitze erkennen konnte. Draußen vor der Tür, auf einem gewaltigen Stuhl, saß ein sehr großer Riese in tiefem Schlaf. Das Kaninchen, das Pfeil und Bogen mit sich führte, spannte die Sehne auf den Bogen und sprach, indem es einen Pfeil einlegte: „Ich will doch sehen, wie groß dieser Mann ist, und dazu werde ich ihn aufwecken, denke ich." Sprach's, ging ein wenig seitwärts und schoß dem Riesen auf die Nase. Das brannte wie Feuer und weckte den Riesen auf. Er sprang empor und brüllte: „Wer hat es gewagt, mir an die Nase zu schießen?!“ „Ich“, antwortete das Kaninchen.

Der Riese vernahm eine Stimme und blickte umher, konnte jedoch nichts erkennen, bis er nach unten zur Ecke des Hauses blickte. Dort saß ein Kaninchen.

„Heute morgen hatte ich Schluckauf und dachte an eine schöne, reiche Mahlzeit, und da sitzt nur etwas für den hohlen Zahn.“ „Ich glaube nicht, daß ich etwas für den hohlen Zahn bin“, sagte das Kaninchen. Ich bin ebenso stark wie du, auch wenn ich klein bin.“ „Wir werden ja sehen“, antwortete der Riese.

Er ging ins Haus und kam zurück mit einem viele Tonnen schweren Hammer: „Nun, mein Herr, wir werden ja sehen, wer diesen Hammer über den Wipfel dieses Baumes werfen kann.“ „Such dir etwas Schwierigeres aus“, sagte das Kaninchen.

„Erst einmal werden wir das hier probieren“, sprach der Riese. Mit diesen Worten ergriff er den Hammer mit beiden Händen, schwang ihn dreimal über seinem Kopf und ließ ihn dann durch die Luft wirbeln. Hoch und immer höher stieg der Hammer, glitt über den Wipfel des Baumes und ging dröhnend zu Boden, wobei er sich tief in die Erde grub.

„Nun“, sprach der Riese, „wenn du dies nicht ebenso fertigbringst, werde ich dich auf einmal fressen.“ Das Kaninchen aber sagte: „Bevor ich Dinge wie diese beginne, singe ich stets zu meinem Bruder.“ So hob es an zu singen und seinen Bruder zu rufen. „Cinye! Cinye! – Bruder! Bruder!“ sang es. Der Riese wurde unruhig und fragte: „Junge, warum rufst du deinen Bruder?“

Indem es auf eine kleine, schwarze Wolke zeigte, die rasch

näher kam, sagte das Kaninchen: „Das da ist mein Bruder. Er kann dich, dein Haus und die Fichte in einem Atemzug zerstören." „Laß ihn fortziehen, und du kannst frei deiner Wege gehen", sagte der Riese. Das Kaninchen winkte mit den Pfoten, und die Wolke verschwand.

Von diesem Ort aus setzte das Kaninchen seine Reise nach Westen fort. Am nächsten Tag zog es durch einen dunklen Wald, als es ein Stöhnen vernahm, als ob jemand große Schmerzen litte. Es hielt an und lauschte: Bald kam Wind auf, und das Stöhnen wurde lauter. Es folgte der Richtung, aus der das Stöhnen kam und entdeckte bald darauf einen Mann, der, seiner Kleider beraubt, zwischen zwei starken Ästen einer großen Ulme gefangen war. Und immer wenn der Wind ging, rieben sich die Äste aneinander und preßten den Mann zusammen, der dann dieses Stöhnen von sich gab.

„Ei, du hast ja ein feines Plätzchen dort oben. Laß uns tauschen. Du steigst herunter, und ich nehme deinen Platz ein." Es war dieser Mann aber von dem Bruder des Kaninchens zur Strafe für ein Vergehen dorthin gebracht worden und konnte nicht herabkommen, es sei denn, jemand erbot sich, seinen Platz auf dem Baum an seiner Stelle einzunehmen.

„Sehr gut", sagte der Mann. „Leg deine Kleider ab und steig hinauf. Ich werde dich in den Ästen festbinden, und du kannst soviel Spaß haben, wie du willst."

Das Kaninchen entkleidete sich und kletterte hinauf. Der Mann steckte es zwischen die Äste und glitt den Baum hinab. Hastig schlüpfte er in die Kleider des Kaninchens, und als er eben fertig angekleidet war, kam ein Windstoß. Das Kaninchen wurde fast verrückt vor Schmerzen, schrie und brüllte. Dann rief es: „Cinye! Cinye! – Bruder! Bruder!" „Ruf nach deinem Bruder, soviel du magst, er wird mich niemals finden." Mit diesen Worten verschwand der Mann im Wald.

Kaum war er verschwunden, da kam der Bruder, und fragte, als er das Kaninchen sah: „Welche Richtung hat er genommen?“ Das Kaninchen zeigte in die Richtung, in die der Mann entkommen war. Der Bruder flog über die Wipfel der Bäume, fand den Mann nach kurzer Zeit und brachte ihn zurück. Dann band er ihn an seinem früheren Platz zwischen den Ästen fest und ließ den ganzen Nachmittag und die folgende Nacht über einen heftigen Wind blasen, zur Strafe für den Mann, daß dieser seinen Bruder auf den Baum gelockt hatte.

Nachdem das Kaninchen sich wieder angekleidet hatte, las ihm sein Bruder tüchtig die Leviten und schloß mit den Worten: „Ich wünsche, daß du in Zukunft vorsichtiger bist. Ich habe genügend Arbeit, die mich mehr als genug beschäftigt hält, und ich kann nicht immer wieder unterbrechen, um mich auf den Weg zu machen und dich aus irgendeinem Schlamassel herauszuholen. Erst gestern habe ich fünfhundert Meilen zurückgelegt, um dir gegen den Riesen zu helfen, heute mußte ich tausend Meilen hinter mich bringen. Paß also von jetzt an auf.“

Ein paar Tage darauf wanderte das Kaninchen am Ufer eines kleinen Flusses entlang, und es gelangte zu einer kleinen Lichtung im Wald, in deren Mitte eine hübsche kleine Blockhütte stand. Das Kaninchen fragte sich noch, wer hier wohl leben möge, als sich langsam die Tür öffnete und ein alter Mann auf der Schwelle erschien und einen ledernen Wassereimer in der rechten Hand hielt. In der linken Hand hielt er eine Schnur, die im Inneren des Hauses befestigt war. Er hielt sich an der Schnur fest und kam langsam zum Fluß hinab. Als er an das Wasser gekommen war, beugte er sich herab, tauchte den Wassereimer hinein und kehrte zum Haus zurück, die Hand immer an der Schnur.

Bald erschien er wieder und hielt sich diesmal an einer anderen Schnur fest. Dieser folgend, gelangte er zu einem großen Stapel Holz und kehrte damit ins Haus zurück. Das Kaninchen wollte sehen, ob der Mann noch einmal herauskäme; dies geschah jedoch nicht. Als es Rauch aus dem Schornstein des Lehmofens aufsteigen sah, dachte es daran, hinüberzugehen und zu schauen, was der alte Mann dort tat. Es klopfte an, und eine schwache Stimme bat ihn, einzutreten. Es sah, daß der alte Mann sich gerade Essen zubereitete.

„Hallo Tunkasina – Großvater – du läßt es dir ja recht gut gehen, so allein hier draußen. Ich sehe, daß du dir alles ganz bequem eingerichtet hast. Du kannst Holz und Wasser holen, und das ist alles, was du tun mußt. Wie kommst du an deine Lebensmittel?" „Die Wölfe bringen mir Fleisch, die Mäuse bringen mir Reis und gemahlene Bohnen, und die Vögel bringen mir Kirschblätter für meinen Tee. Und doch ist es ein hartes Leben, denn ich bin die meiste Zeit allein und habe niemanden, mit dem ich reden kann, und außerdem bin ich blind." „Sag mal, Großvater, laß uns doch tauschen. Ich denke, es gefällt mir, hier zu leben."

„Wenn wir die Kleider tauschen", sagte der andere, „so wirst du alt und blind, während ich deine Jugend und dein gutes Aussehen gewinne."

Es war aber der alte Mann von dem Bruder des Kaninchens zur Strafe hierher gebracht worden. Er hatte seine Frau getötet, daher hatte ihn der Geist alt und blind werden lassen, und zwar so lange, bis jemand kam, der bereit wäre, seinen Platz einzunehmen.

„Jugend und gutes Aussehen interessieren mich nicht", sagte das Kaninchen, „laß uns tauschen." Sie tauschten die Kleider, und das Kaninchen wurde alt und blind, während der alte Mann jung und stattlich wurde.

„Nun muß ich gehen“, sprach der Mann. Er ging hinaus, und nachdem er die Schnüre dicht bei der Tür durchschnitten hatte, rannte er lachend fort. „Du wirst noch genug bekommen von diesem einsamen Leben, du verrückter kleiner Junge!“ Und mit diesen Worten rannte er in den Wald.

Das Kaninchen aber dachte sich, ein wenig frisches Wasser zu holen und dabei die Wege an den Schnüren auszuprobieren, um sich daran zu gewöhnen. Es polterte im Raum herum und fand schließlich den ledernen Wassereimer. Dann hielt es sich an der Schnur fest und ging hinaus. Als es ein kurzes Stück des Weges zurückgelegt hatte, gelangte es an das Ende der Schnur, und zwar so plötzlich, daß es die Schnur aus der Hand verlor. Und so stolperte es nun umher, stieß gegen Bäume, verfing sich in Pflaumenbüschen, blieb in den Dornen hängen und zerkratzte sich dabei Gesicht und Hände so schlimm, daß das Blut herablief.

Da begann es abermals zu rufen: „Cinye! Cinye! – Bruder! Bruder!“ Bald darauf erschien sein Bruder und fragte, welchen Weg der alte Mann genommen habe. „Ich weiß es nicht“, antwortete das Kaninchen, „ich konnte nicht sehen, welchen Weg er nahm, ich war blind.“

Der Geist aber rief die Vögel, und sie kamen aus allen Himmelsrichtungen herbei. Sowie sie ankamen, fragte sie der Bruder, ob sie den Mann gesehen hätten, den er hier zur Strafe festgehalten hätte. Jedoch hatte ihn keiner der Vögel gesehen. Die Eule kam als letzte, und als sie gefragt wurde, ob sie den Mann gesehen habe, antwortete sie: „Hu-hu.“ „Den Mann, der hier gelebt hat ...“, fragte der Bruder. „Letzte Nacht war ich in den Wäldern südlich von hier auf Mäusejagd und sah einen Mann schlafend unter einem Pflaumenbaum. Ich dachte, es sei das Kaninchen, euer Bruder, so habe ich ihn nicht geweckt.“

„Gut für dich, Eule", sagte der Bruder. „Zum Lohn für diese gute Nachricht wirst du hinfort nur nachts umherstreichen, und ich werde deine Augen so einrichten, daß du um so besser sehen wirst, je dunkler die Nacht ist. Du wirst stets die angenehme, kühle Nacht zum Jagen haben, während ihr übrigen Vögel eure Nahrung tagsüber in der Hitze suchen könnt." Seither ist die Eule ein Nachtvogel.

Der Bruder flog nun in die Wälder, brachte den Mann zurück und schnitt die Schnüre ganz kurz. „Jetzt kannst du einmal einen Geschmack davon bekommen, was du meinem Bruder angetan hast", sagte er.

Zum Kaninchen aber sprach er: „Ich hätte dir diesmal nicht helfen sollen, denn man sollte keinem helfen, der so verrückt ist, mit einem Blinden zu tauschen. Sieh dich also vor, denn ich bin deine Dummheiten allmählich leid und werde dir nicht mehr helfen, wenn du noch einmal so etwas Dummes anrichtest."

Das Kaninchen machte sich auf den Heimweg. Als es beinahe angekommen war, gelangte es an einen kleinen Bach, und da es durstig war, trank es in langen Zügen. Zugleich vernahm es ein Geräusch, als ob ein Wolf oder eine Katze über den Boden kröche. Es blickte auf und sah an einem Abhang über dem Fluß vier Wölfe mit ineinander verschlungenen Schwänzen, die mit aller Macht daran zogen. Als das Kaninchen näher kam, riß sich einer von ihnen los, und das Kaninchen sah, daß sein Schwanz gebrochen war.

„Laßt mich mit euch Schwanzhakeln spielen. Mein Schwanz ist lang und kräftig", sagte das Kaninchen. Und als die Wölfe zustimmend nickten, verhakte das Kaninchen seinen langen Schwanz mit den Schwänzen der drei verbliebenen Wölfe und begann zu ziehen. Die Wölfe aber zogen so fest, daß der Schwanz des Kaninchens am zweiten Gelenk abriß. Die Wölfe verschwanden.

„Cinye! Cinye! – Bruder! Bruder! Ich habe meinen Schwanz verloren!“ schrie das Kaninchen, und der Geist erschien. Als er aber seinen Bruder, das Kaninchen, ohne Schwanz sah, sagte er nur: „Ohne Schwanz siehst du besser aus.“

Seit jenem Tage haben Kaninchen kurze Schwänze.

Unktomi und die Pfeilspitzen

Es waren einmal zwei junge Männer, die waren sehr eng befreundet und verbrachten all ihre Zeit gemeinsam. Der eine von ihnen war sehr bedachtsam, der andere aber war sehr impulsiv und handelte stets unmittelbar, ohne vorher einen Augenblick innezuhalten und nachzudenken.

Eines Tages gingen diese beiden Freunde spazieren und erzählten einander von ihren Erfahrungen in der Liebe. Sie stiegen einen hohen Hügel hinan, und als sie den Gipfel erreichten, vernahmen sie ein leises Klicken, so als ob kleine Steine oder Kiesel gegeneinandergeschlagen würden

Als sie um sich sahen, entdeckten sie eine große Spinne, die mitten in einer Menge von Pfeilspitzen aus Feuerstein saß und eifrig damit beschäftigt war, aus Feuersteinrohlingen noch mehr Pfeilspitzen zu machen. Sie sahen der Spinne zu, die sich jedoch nicht von der Stelle rührte, sondern fortfuhr, an einem Stück Feuerstein herumzuhämmern, das schon fast ganz zu einer Pfeilspitze geworden war.

„Laß uns die Spinne erschlagen", sagte der Unbedachtsame. „Nein", antwortete der andere, sie tut niemandem etwas zuleide, und außerdem tut sie etwas sehr Gutes, denn sie macht Pfeilspitzen aus Feuerstein, mit denen wir unsere Pfeile zu bestücken pflegen."

„Du fürchtest dich nur", sagte der erste der jungen Männer. „Sie kann dir nichts tun. Schau nur, wie ich sie treffe." Und indem er dies sagte, hob er eine Pfeilspitze auf, warf sie nach Unktomi und traf ihn in die Seite.

Als Unktomi nun aber zur Seite rollte, aufstand und die beiden ansah, lachte der junge Mann und sagte: „Nun ja, laß uns gehen, da Unktomi, dein Großvater, unsere Gesellschaft offenbar nicht mag." Sie stiegen den Hügel hinab, als plötzlich derjenige der beiden, der Unktomi getroffen hatte, aufs heftigste zu husten begann. Er hustete und hustete, bis schließlich kleine Blutstropfen aus seinem Mund traten. Das Blut floß stärker und im Schwall, und zuletzt kam es in einem so dicken Strahl und so reichlich, daß dem jungen Mann der Atem verging und er tot zu Boden stürzte.

Als der bedachtsame der jungen Männer sah, daß sein Freund nicht mehr am Leben war, eilte er ins Dorf und berichtete, was geschehen war. Die Freunde und Verwandten begaben sich daraufhin eilends zu dem Hügel, und tatsächlich, dort lag der unbedachte junge Mann noch immer kalt und tot.

Sie hielten eine Beratung ab und sandten nach dem Häuptling des Unktomi-Stammes. Als dieser vernahm, was geschehen war, sagte er der Ratsversammlung, daß er der Spinne, seinem Unktomi, nichts tun könne, da dieser sich nur verteidigt habe. Er sprach: „Meine Freunde, als ich sah, daß eurem Stamm allmählich die Pfeilspitzen ausgehen, sandte ich eine große Zahl meiner Stammesmitglieder aus, um Pfeilspitzen für euch zu machen. Wenn meine Männer dieser Art von Beschäftigung nachgehen, möchten sie nicht gestört werden, und euer junger Mann hat meinen Mann nicht nur gestört, sondern auch noch grob beleidigt, indem er mit einer Pfeilspitze nach ihm warf, die dieser gerade unter vielen Mühen angefertigt hatte. Mein Mann konnte diese Beleidigung nicht einfach auf sich sitzen lassen, und als sich euer Mann nun zum Gehen wandte, erschoß ihn der Unktomi mit einer winzigen Pfeilspitze. Diese rief einen Blutsturz hervor, der seinen Tod verursacht hat. Wenn ihr also, meine Freunde, nun die Friedenspfeife füllen und herumgehen lassen wollt, so werden wir uns als gute Freunde trennen, und mein Stamm wird euch stets mit reichlich Pfeilspitzen aus Feuerstein versorgen."

Mit diesen Worten beendete Unktomi Tanka seine Friedenspfeife und kehrte zu seinem Stamm zurück.

Hinfort wichen die Indianer von ihrem Pfad und schlugen einen Bogen, wann immer sie ein Ticken im Gras vernahmen, und sagten: „Unktomi macht Pfeilspitzen, wir dürfen ihn nicht stören."

Und so kam es, daß Unktomi Tanka, die Große Spinne, von seinem Stamm respektiert und hinfort nie wieder beim Anfertigen von Pfeilspitzen gestört wurde.

Der Bär und das Kaninchen auf Büffeljagd

Ein Bär und ein Kaninchen lebten einst als Nachbarn. Das Kaninchen war ein guter Schütze, der Bär jedoch, welcher eher unbeholfen war, konnte mit Pfeil und Bogen nicht recht umgehen.

Der Bär war aber sehr unfreundlich zu dem Kaninchen. Jeden Morgen rief er zu ihm hinüber: „Nimm Pfeil und Bogen und komm mit mir auf die andere Seite des Hügels. Dort weidet eine große Büffelherde, und ich möchte, daß du einen davon für mich erlegst, denn meine Kinder rufen nach Fleisch."

Aus Angst, den Bären zu verärgern, wenn es sein Ansinnen ablehnte, stimmte das Kaninchen zu, ging mit ihm hinaus und schoß genügend Büffel, um die hungrige Familie zufriedenzustellen. In der Tat schoß und tötete es so viele, daß noch eine große Menge an Fleisch übrig war, nachdem der Bär und seine Familie sich bedient und soviel zusammengepackt hatten, wie sie tragen konnten.

Der Bär aber war überaus gierig, und da er dem Kaninchen nichts von dem Fleisch gönnte, sagte er: „Kaninchen, du kommst mit uns, und wir kehren dann zurück und holen das übrige Fleisch gemeinsam."

Dem armen Kaninchen war es nicht einmal vergönnt, ein wenig Blut aufzulecken, da der Bär Erde darüberwarf, die es aufsaugte. So würde das Kaninchen also nach einem harten Tag hungrig nach Hause gehen müssen.

Der Bär hatte fünf Kinder, und das jüngste war sehr freundlich zu dem Kaninchen. Mutter Bär wußte, daß ihr Jüngster ein kräftiger Esser war und gab ihm jedesmal ein extra großes

Stück Fleisch. Was der kleine Bär jedoch nicht selbst aß, nahm er mit sich nach draußen, tat so, als spiele er Ball damit und kickte es dann in Richtung auf die Behausung des Kaninchens. Und wenn er dann in die Nähe der Tür gekommen war, gab er dem Fleisch einen so heftigen Tritt, daß es in das Haus des Kaninchens flog, und auf diese Weise erhielt das Kaninchen sein Essen, ohne daß Vater Bär etwas davon erfuhr.

Der kleine Bär vergaß seinen Freund Kaninchen niemals. Oft fragte sich Vater Bär, warum sein Kleines nach jeder Mahlzeit das Haus verließ. Er wurde mißtrauisch, und einmal fragte er den Kleinen, wo er gewesen sei. „Oh, ich spiele immer Ball, dort draußen um das Haus herum, und wenn ich dann müde werde, esse ich meinen Fleischball und komme wieder nach Hause." Der kleine Bär war zu gewitzt, um seinen Vater merken zu lassen, daß er seinen Freund, das Kaninchen, vor dem Hungertod rettete.

Nichtsdestotrotz behielt Vater Bär den Kleinen im Auge und sagte: „Mein Kleiner, ich glaube, du gehst nach jeder Mahlzeit zu dem Kaninchen hinüber."

Die vier älteren Brüder des kleinen Bären waren recht stattlich anzusehen, der kleine Bär jedoch war ein kümmerlicher Bursche, dessen Pelz nicht viel Kälte abhielt, er war kurz und schütter und von schmutzigbrauner Farbe. Die drei älteren Brüder waren nicht besonders nett zu dem kleinen Bären, der vierte jedoch ergriff stets für ihn Partei und war immer sehr freundlich zu seinem kleinen Bruder.

Das Kaninchen war es allmählich leid, dauernd von dem Bären herumkommandiert und umhergestoßen zu werden, und es zerbrach sich den Kopf über einen Weg, dem sauberen Herrn Bär, der ihm so übel mitgespielt hatte, eins auszuwischen. Es überlegte die ganze Nacht lang, fand jedoch keinen Plan, der einen Versuch wert gewesen wäre.

Eines frühen Morgens aber zeigte sich Gevatter Bär an der Tür zur Behausung des Kaninchens: „Hör mal, Kaninchen, ich habe kein Fleisch mehr zu essen, und da grast diese schöne Büffelherde am Abhang des Hügels. Nimm Pfeil und Bogen und komm mit mir. Ich möchte, daß du ein paar davon für mich schießt.

„Gut“, sagte das Kaninchen, ging hin und erlegte sechs Büffel für den Bären. Der Bär war nun vollauf damit beschäftigt, die Tiere zu zerlegen, und das Kaninchen hielt sich dicht bei ihm, in der Hoffnung, auch einmal ein wenig am Blut lecken zu können. Der Bär paßte aber gut auf, daß das Kaninchen auch ja nichts zu essen erhielt. Trotz der Achtsamkeit des Bären rollte jedoch ein kleiner Blutklumpen davon und hinter den Fuß des Bären. Sofort griff das Kaninchen danach und versteckte ihn an seiner Brust. Als es jedoch nach Hause kam, war der Klumpen durch die Wärme seines Körpers hart geworden, und das Kaninchen war sehr deprimiert bei dem Gedanken, daß es das Blut nach all der Mühe nun doch nicht essen konnte.

Gar fürchterlich enttäuscht legte es sich auf den Boden und starrte nach oben in den Rauchabzug seines Kamins. Unzufrieden mit der Entwicklung, die die Dinge genommen hatten, griff es nach dem Blutklumpen und warf ihn nach oben durch das Kaminloch. Kaum war der Klumpen jedoch zu Boden gefallen, da vernahm das Kaninchen die Stimme eines Babys, das schrie: „Ate! Ate! – Vater! Vater!“ Es ging nach draußen und fand ein großes männliches Baby. Das nahm es mit sich ins Haus und warf es abermals durch das Kaminloch ins Freie. Diesmal war der Junge bereits groß genug, um zu sagen: „Ate, Ate, he-cun-sin-lo. – Vater, tu das nicht.“ Dennoch warf es ihn abermals hinaus. Als es aber das dritte Mal hinausging, stand da ein hübscher großer Junge und lächelte es an. Diesen nahm das Kaninchen sofort an Sohnes Statt an, führte ihn zu sich ins

Haus und ließ ihn auf dem Ehrenplatz sitzen, welcher dem Eingang direkt gegenüberliegt. Darauf sprach er zu ihm: „Mein Sohn, ich wünsche, daß du ein guter, ehrlicher und aufrichtiger Mann wirst. Nun habe ich aber unter meinen Sachen einen schönen Anzug, und du, mein Sohn, sollst ihn tragen."

Seinen Worten ließ er die Tat folgen, und aus einer Tasche, die er aus einem hohlen Baum zog, nahm er ein schönes, schneeweiß gegerbtes, hirschledernes Hemd, verziert mit den Stacheln des Stachelschweins, ferner ein Paar rote, perlenbestickte Leggins, mit gefärbtem Haar gesäumte Mokassins und einen schönen Umhang aus dem Fell des Otters. Da waren außerdem weiße Wieselhäute, die gut zu seinen herrlichen schwarzen Locken paßten, eine wunderbare Schwungfeder des Adlers, sodann ein mit Rohleder bezogener Bogen und ein Köcher voller Pfeile mit Spitzen von Feuerstein.

Nachdem das Kaninchen ihn nun in all diese Pracht gekleidet hatte, betrachtete es seinen stattlichen Sohn lange und liebevoll. Instinktiv spürte das Kaninchen, daß ihm sein Sohn in der Absicht gesandt worden war, am Sturz des Bären mitzuwirken, wie die folgenden Ereignisse zeigen werden.

Am Morgen nach der Ankunft von dem Sohn des Kaninchens zeigte sich abermals der Bär an der Tür und schrie: „Du faules, häßliches Kaninchen, steh auf und komm gefälligst raus. Ich will, daß du noch ein paar Büffel für mich schießt."

„Wer ist das? Wer spricht in solch beleidigender Weise mit dir, Vater?" fragte der Sohn.

„Es ist ein Bär, der hier in der Nähe lebt und mich für seine Familie Büffel jagen läßt. Er läßt mir davon jedoch nicht den kleinsten Tropfen Blutes, und daher, mein Sohn, habe ich für dich nichts zu essen im Haus."

Der junge Mann war begierig, diesen Bären zu treffen, das Kaninchen riet ihm jedoch, damit noch zu warten, bis es und der Bär auf die Jagd gegangen wären. Der Sohn gehorchte, und als er dachte, daß die Jagd vorüber sei, ging er hinaus und kam gerade recht, als der Bär sich daranmachte, die Büffel zu zerlegen.

Der Bär sah auf, als er neben sich am Boden einen Schatten wahrnahm, der ihm nicht vertraut war, und starrte in die furchtlosen Augen des stattlichen Sohnes des Kaninchens.

„Wer ist das?“ fragte der Bär das Kaninchen. „Ich weiß es nicht“, antwortete dieses.

„Wer bist du?“ fragte der Bär den Sohn des Kaninchens. „Woher kommst du?“ Als dieser jedoch nicht antwortete, sprach der Bär zu ihm: „Verschwinde, und zwar schnell.“

Bei diesen Worten wurde der Sohn des Kaninchens zornig, legte einen Pfeil ein und schoß den Bären durchs Herz. Dann wandte er sich der Bärin zu und tat ein gleiches. Inmitten dieses Kampfes rief das Kaninchen: „Mein Sohn, mein Sohn, verschone die beiden Jüngsten. Das Baby hat mich vor dem Verhungern gerettet, und der andere ist gut und freundlich zu seinem kleinen Bruder.“

So kam es, daß die drei älteren Brüder, die unfreundlich zu ihrem kleinen Bruder gewesen waren, das gleiche Schicksal wie ihre selbstsüchtigen Eltern traf.

Und dies, so sagt die Geschichte, ist der Grund, warum Bären immer zu zweit wandern.

Wie Einsamer Kämpfer seinen Namen gewann

Es war einmal ein junger Mann, dessen Eltern mit den Reichtümern dieser Welt nicht gerade überladen waren und ihren einzigen Sohn daher nicht so gut wie die anderen jungen Männer des Stammes kleiden konnten. Da er aber nicht so reich gekleidet war wie sie, blickten diese auf ihn herab und mieden seinen Umgang. Nie wurde er zu einer ihrer sportlichen Vergnügungen eingeladen oder zur Teilnahme an einem ihrer Kriegszüge aufgefordert.

Im Dorf lebte auch ein alter Mann mit einer einzigen Tochter. Wie die Familie des jungen Mannes waren auch diese beiden arm, die Tochter jedoch war die Schönste des Stammes. Sie wurde von den jungen Männern des Dorfes am meisten umworben, und Krieger von weit entfernt lebenden Stämmen kamen, um ihre Brautwerbung vorzubringen. Alles vergebens, sie hatte für diese Krieger die gleiche Antwort wie für die jungen Männer des Dorfes.

Der arme junge Mann war trotz seiner bescheidenen Kleidung recht stattlich. Da er aber bisher noch nie einen Feind getötet oder irgendwelche Pferde der Feinde heimgebracht hatte, so durfte er sich – nach den Regeln der Indianer – mit keiner Frau, ob jung oder alt, vereinen. Umsonst versuchte er, sich einem Kriegszug anzuschließen, um sich so seine Sporen als Krieger zu verdienen. Auf all sein Bitten erhielt er stets dieselbe Antwort: „Du bist nicht ausgerüstet für einen Kriegszug. Du hast keine Pferde, und wenn du getötet wirst, so würde man über unseren Stamm lachen und Witze machen, weil du so armselige Kleidung trägst. Und wir wollen den

Feind nicht wissen lassen, daß es in unserem Stamm so arm gekleidete Mitglieder gibt.

Wieder und wieder versuchte er es bei verschiedenen Kriegszügen, nur um ausgelacht und beleidigt zu werden.

Eines Abends saß er in dem armseligen Zelt seiner Eltern. Er war tief in Betrachtung versunken, und es gab nichts zu sagen. Sein Vater, der seine trübe Stimmung bemerkte, fragte ihn, was geschehen sei und ihn so stillgemacht habe, da er ansonsten stets fröhlich war. Der Sohn antwortete ihm und sprach: „Vater, ich werde allein auf den Kriegspfad gehen. Umsonst habe ich versucht, an einem der Kriegszüge teilzunehmen. Auf all mein Bitten habe ich nur Beleidigungen zur Antwort erhalten."

„Aber mein Sohn, du hast weder ein Gewehr noch Munition. Wo und wie kannst du beides bekommen? Wir haben nichts, um sie dir zu kaufen", sagte der Vater.

„Ich brauche keine Waffen. Ich werde einige Pferde der Feinde mitbringen, und dafür benötige ich kein Gewehr."

Ungeachtet der Bitten der alten Leute, nicht ohne Waffen auszuziehen, verließ der junge Mann am nächsten Morgen das Dorf in nordwestlicher Richtung, die auf allen Kriegszügen eingeschlagen wurde.

Zehn Tage wanderte er, ohne irgendwelche Anzeichen eines Lagers zu sehen. Am Abend des zehnten Tages erreichte er eine sehr hohe, spitze und auf ihrem Gipfel dicht bewaldete Kuppe. Er stieg hinauf, und als er dort zwischen zwei großen Felsen saß und den wundervollen Sonnenuntergang betrachtete, schreckte er plötzlich auf, als er in der Nähe ein Pferd wiehern hörte. Als er in das herrliche Tal hinabsah, das von einem schönen, von Bäumen gesäumten Fluß durchzogen wurde, bemerkte er dicht am Fuße des Hügels, auf dem er saß, eine große Herde Pferde, die dort ruhig und friedlich graste.

Bei näherem Hinsehen sah er in geringer Entfernung von der Hauptherde ein Pferd mit einem Sattel auf dem Rücken. Dieses Pferd hatte gewiehert, als die Herde sich weiter von ihm entfernte. Es war mit einem langen Lasso an einem kräftigen Busch angebunden.

Wo mag der Reiter sein? fragte er sich. Wie als Antwort darauf kam nicht mehr als zwanzig Schritte entfernt ein Mann mittleren Alters durch eine tiefe Schlucht hinauf. Er war ganz offensichtlich auf der Jagd nach irgendeinem Wild, denn er hielt sein Gewehr schußbereit, und seine Augen waren auf jeden Felsvorsprung oder Busch gerichtet. Er konzentrierte sich derart darauf, dieses Wild, das er verfolgte, auszumachen, daß er den jungen Mann, der wie eine Statue keine zwanzig Schritt entfernt saß, überhaupt nicht wahrnahm. Langsam und vorsichtig kam der Mann näher, und als er bis auf wenige Schritte an den jungen Mann herangekommen war, hielt er plötzlich inne, wandte sich um und blickte ins Tal hinab. Dies war die einzige Chance unseres jungen Freundes. Unbewaffnet wie er war, blieb ihm keine Möglichkeit, sobald der Feind ihn auch nur zu Gesicht bekäme. Langsam und lautlos zog er sein Jagdmesser, das der Vater ihm beim Verlassen des Dorfes gegeben hatte, hielt es sicher in der rechten Hand, sammelte sich und setzte zum Sprung an, der ihn direkt auf dem Rücken des Feindes landen ließ. Durch die Gewalt des Anpralls ließ dieser sein Gewehr los, das klappernd zwölf Meter tief in den Abgrund fiel.

Sie gingen gemeinsam zu Boden, der junge Mann zuoberst. Da hatte der Feind auch schon sein Messer gezogen, und es begann der Kampf Mann gegen Mann. Der erfahrenere Gegner forderte unserem jungen Freund sein Bestes ab. Schon hatte dieser zwei häßliche Schnitte, einen über der Brust, den anderen durch den Unterarm.

Allmählich schwächte ihn der Blutverlust, und er würde dem mörderischen Tempo des Kampfes nicht mehr lange standhalten können. Indem er all seine Kraft für einen letzten Versuch zusammennahm, um den Gegner zu überwältigen, schob er diesen auf den Abgrund zu. In seiner Hast, diesem wütenden Angriff auszuweichen, trat der Gegner einen Schritt zu weit nach hinten, und beide stürzten sie in den Abgrund. Ineinander verkrallt stieß der junge Mann dem Feind das Messer in die Seite, und als sie am Boden aufschlugen, lockerte der Feind seinen Griff, streckte sich und war tot.

Nachdem er den Skalp und das Gewehr an sich genommen hatte, ging der junge Mann zu dem Pferd, das an den Busch gebunden war, und nachdem er die Herde der Pferde versammelt hatte, machte er sich auf den Heimweg in sein Dorf. Da er verwundet war, mußte er sehr langsam reiten. Die ganze lange Nacht trieb er die Pferde auf sein Heimatdorf zu.

In der Zwischenzeit wunderte man sich im feindlichen Lager über das lange Ausbleiben des Wächters der Pferdeherde, und schließlich zogen sieben junge Männer aus, ihn zu suchen. Die ganze Nacht über suchten sie die Hänge der Hügel nach der Herde und ihrem Hirten ab, und als es am nächsten Morgen hell genug war, sahen sie an den Spuren im Boden, wo ein heftiger Kampf stattgefunden hatte.

Als sie den Spuren im Sand und im Laub folgten, kamen sie zu dem Abgrund, den die Kämpfer hinabgestürzt waren, und dort lag ihr Hirte auf dem Rücken und starrte sie mit toten Augen an. Sie eilten zum Lager und berichteten, was sie gefunden hatten. Sofort bestiegen die Krieger ihre Kriegsponys. Diese Ponys läßt man nie frei umherlaufen, sondern hält sie stets ganz nah bei dem Zelt ihres Besitzers angebunden. Die Krieger setzten sich auf die Spur der Herde, die von unserem jungen Freund weggetrieben worden war, trieben ihre Ponys voran und waren schon bald weit von ihrem Lager entfernt und auf der Spur unseres Freundes. Den ganzen Tag über folgten sie seiner Bahn und bekamen ihn just bei Sonnenuntergang zu Gesicht, als er die Herde gerade über einen hohen Hügel trieb. Abermals trieben sie ihre Ponys an. Der junge Mann wandte sich auf seinem Weg um und bemerkte einige dunkle Punkte, die hinter ihm herkamen. Er wechselte auf ein frisches Pferd und trieb die übrigen eilig voran. Die ganze nächste Nacht hindurch trieb er sie weiter, und als der Tag anbrach, blickte er von der Spitze eines Hügels aus in die Richtung zurück, aus der er gekommen war, und sah in der Ferne zwei Reiter herankommen. Diese beiden hatten offenbar die besten Ponys, denn von den übrigen war nichts zu sehen. Nachdem er die Pferde in ein dichtes Gehölz getrieben hatte, verbarg er sich nahe der Fährte, die die Herde hinterlassen hatte, und legte sich auf die Lauer nach den beiden wagemutigen Reitern, die ihm bis hierher gefolgt waren. Schließlich tauchten sie an der Spitze des Hügels auf, von dem aus er zurückgeblickt hatte, und er sah, wie sie seiner Spur folgten. Lange Zeit saßen sie dort und blickten über das Land, in der Hoffnung, irgendwo ein Zeichen ihrer gestohlenen Pferde zu erspähen, fanden jedoch nichts. Wenn sie gewußt hätten, daß die Pferde nur ein paar hundert Meter von ihnen entfernt waren! Das Dickicht bot jedoch einen sicheren Schutz vor ihren Blicken. Schließlich deutete einer von ihnen auf das Gehölz. Dann ließ er sein Pferd in der Obhut seines Freundes zurück, stieg den Hügel hinab und folgte der Spur der Herde bis zu dem Punkt, an dem sie in das Gehölz gedrungen war. Dabei dachte er wohl kaum, daß er schon an der Schwelle zur Ewigkeit stand.

Der junge Mann, welcher kaum neunzig Meter entfernt versteckt lag, hätte ihn auf der Stelle erschießen können, wollte jedoch nicht hinterhältig sein und trat hervor. Da hatte der

Feind auch schon gezielt und feuerte. Er war jedoch zu hastig gewesen. Hätte er sorgfältiger gezielt, so hätte er unseren jungen Freund vielleicht getötet, so aber pfiff die Kugel, ohne Schaden anzurichten, über den Kopf des jungen Mannes hinweg und schlug in einen Baum. Der junge Mann zielte sorgfältig, feuerte, und der Feind warf beide Arme hoch und fiel nach vorne aufs Gesicht. Als der andere, welcher auf dem Hügel zurückgeblieben war, den Tod seines Freundes sah, bestieg er hastig sein Pferd, nahm das Pferd seines Freundes am Zügel und machte sich eilig den Hügel hinab auf den Rückweg.

Der junge Mann aber wartete eine Weile, um sicherzugehen, daß nicht der zweite Mann auftauchte und auf ihn feuerte. Schließlich näherte er sich dem gefallenen Feind, und nachdem er dessen Gewehr, Munition und Skalp an sich genommen hatte, ging er zu seinem Pferd zurück und trieb die Herde weiter durch die Wälder und über eine weite, flache Prärie und eine Hügelkette hinan, wo er sich niederließ und auf seine Fährte zurückblickte, auf der Suche nach einem Feind, der ihn etwa noch verfolgt haben könnte.

So saß er, bis die länger werdenden Schatten der Hügel ihn daran erinnerten, daß der Sonnenuntergang nahe war, und da er allmählich etwas Schlaf bekommen mußte, wollte er eine Bachbiegung finden, auf deren Landzunge er die Ponys treiben und damit sicher sein könnte, daß sie während der Nacht nicht umherschweiften. Er fand einen passenden Platz für die Herde, fing sich ein gutes Pferd und band es dicht bei seinem Schlafplatz an, und nachdem er sich fest in seine Decke gewickelt hatte, fiel er bald in tiefen Schlaf. So fest schlief er, daß ein über Nacht aufgekommener Sturzregen ihn völlig durchnässen konnte, ohne daß er dadurch erwacht wäre. Erst als die Sonne schon hoch im Osten stand, erhob er sich.

Er ging zu dem Platz, an dem er die Herde gelassen hatte und freute sich, sie vollzählig anzutreffen. Er bestieg sein Pferd und trieb die Herde weiter seinem Heimatdorf zu – zwei Tage lang – und gegen Ende des zweiten Tages kam das Dorf in Sicht.

Als die älteren Krieger vernommen hatten, daß sich der junge Mann allein und unbewaffnet auf die Wanderung begeben hatte, sagten sie den Eltern, sie mögen um ihren Sohn trauern, da er niemals lebend zurückkäme. Als die Menschen des Dorfes daher diese große Pferdeherde auf sich zukommen sahen, dachten sie zuerst an einen Kriegszug des Feindes, und der Häuptling des Dorfes rief die jungen Krieger zusammen und bereitete alles für einen großen Kampf vor. Und sie gingen gegen den vermuteten Feind vor.

Als sie jedoch nahe genug herangekommen waren, erkannten sie einen einzelnen Reiter, der seine große Herde vor sich hertrieb, und sie schlossen einen Kreis um die Herde und den einsamen Krieger und brachten ihn im Triumph ins Lager. Bei der Ankunft wurden die Pferde gezählt, und es waren insgesamt 110 Köpfe.

Der Häuptling und seine Rufer kündigten im ganzen Lager einen großen Kriegstanz zu Ehren von Einsamer Kämpfer an.

Das ganze Dorf ging hin und veranstaltete einen großen Kriegstanz, der drei Tage und drei Nächte lang dauerte. Die beiden Skalpe, die der junge Mann gewonnen hatte, wurden an eine Stange gebunden und in die Mitte des Tanzplatzes gestellt. Bei diesem Tanz schenkte Einsamer Kämpfer jeder armen Familie im Dorf fünf Pferde.

Da es ihm nun gestattet war, sich jedem Mädchen zuzuwenden, auf das sein Auge fiel, ging er sofort zum Lager des schönsten Mädchens im Dorf, und da sie ihn von Anfang an auserwählt hatte, willigte sie sofort ein, seine Frau zu werden.

Die Nachricht verbreitete sich durch das ganze Lager, daß Einsamer Kämpfer die Schönste des Volkes für sich zur Braut gewonnen hatte. Dies und die große Tat, die er vollbracht hatte, indem er allein zwei Feinde tötete und eine große Herde Pferde mit nach Hause brachte, erhoben ihn in den Rang eines Häuptlings, den er in Ehren bis ans Ende seiner Tage innehatte. Und noch viele Male mußte er seinen Enkeln die Geschichte erzählen, wie er den Namen Einsamer Kämpfer erhalten hatte.

Der Sioux und die Tochter des Crow-Häuptlings

Sieben junge Männer auf dem Kriegspfad sahen einmal am Rande eines dichten Waldgürtels ein einsames Zelt stehen. Sie hielten an und warteten bis zum Einbruch der Dunkelheit, um einen von ihnen als Späher auszusenden und herauszufinden, ob das Lager, das sie gesehen hatten, zu einem befreundeten oder zu einem feindlichen Stamm gehörte.

Als die Dunkelheit herabgesunken war und sie sicher waren, nicht entdeckt zu werden, wählten sie einen ihrer Späher, allein weiterzugehen und festzustellen, aus welcher Richtung man sich dem Lager am besten nähern könnte, sollte sich herausstellen, daß es ein Lager der Feinde sei.

Unter den Spähern befand sich einer, der für seine Verwegenheit berühmt war und schon viele mutige Taten vollbracht hatte. Sein Name war Großer Adler. Diesen Mann bestimmten sie dazu, hinauszugehen und ihnen die gewünschte Kunde zu bringen.

Man bat Großer Adler, sorgfältig auf die Verhältnisse am Boden und in der Umgebung zu achten und die beste Richtung für einen Angriff auszuwählen. Die anderen sechs würden inzwischen auf ihn warten. Er begab sich also auf auf seine Mission und achtete darauf, kein Geräusch zu machen. Heimlich schlich er zum Lager. Als er sich dem Zelt näherte, überraschte ihn, daß es keine Hunde gab, die von den Sioux sonst stets gehalten werden, um den Besitzer durch ihr Bellen auf das Herannahen Fremder aufmerksam zu machen. Er schlich zum Eingang des Wigwams, und als er durch eine kleine Öffnung spähte, sah er drei Personen darin sitzen. Ein älterer Mann und eine ältere Frau saßen rechts neben der Feuerstelle, und eine junge Frau nahm den Ehrenplatz gegenüber der Zeltklappe ein.

Großer Adler war verheiratet gewesen, und seine Frau war zum Zeitpunkt dieser Geschichte seit fünf Wintern tot. Er hatte nie daran gedacht, noch einmal zu heiraten. Als er jedoch diese junge Frau betrachtete, glaubte er, in das Gesicht seiner toten Frau zu schauen. Er legte seinen Patronengurt und sein Messer ab und beides zusammen mit dem Gewehr neben das Zelt. Dann trat er rasch und kühn ins Zelt, ging hinüber zu dem alten Mann, streckte die Hand aus und schüttelte zuerst dessen Hand, dann die Hand der alten Frau und zuletzt die Hand der jungen Frau. Dann setzte er sich an die Seite des Mädchens, und so saßen sie – niemand sprach.

Schließlich gab Großer Adler dem Mann, so gut es ging, durch Zeichen zu verstehen, daß seine Frau vor langer Zeit gestorben war, und als er des Mädchens ansichtig geworden sei, so habe diese seiner Frau so ähnlich gesehen, daß er sie zu heiraten wünsche. Er würde auch ins Lager der Feinde kommen und mit ihnen leben, wenn sie der Heirat ihrer Tochter zustimmen würden.

Der alte Mann schien zu verstehen, und Großer Adler bedeutete ihm abermals durch Zeichen, daß nur eine kurze Strecke von seinem Lager entfernt eine Gruppe auf der Lauer läge. Lautlos brachten sie die Pferde heran, und nachdem sie das Zelt abgebrochen hatten, brachen sie sofort in die Richtung auf, aus der sie gekommen waren. Die übrigen Männer auf dem Kriegspfad warteten die ganze Nacht lang, und als sie bei den ersten Sonnenstrahlen erkannten, daß das Zelt verschwunden war, schlossen sie daraus sofort, daß Großer Adler entdeckt und getötet worden sei, und sie machten sich eilig auf den Heimweg.

Inzwischen legte der Jagdzug, denn einem solchen hatte sich Großer Adler angeschlossen, reichlich Weg zwischen sich und den Männern auf dem Kriegspfad. Den ganzen Tag lang wanderten sie, und als der Abend kam, erstiegen sie einen hohen Hügel und blickten hinunter in das Tal auf der anderen Seite. Dort erstreckte sich über mehr als dreieinhalb Kilometer ein riesiges Lager entlang dem Ufer eines kleinen Flusses. Der alte Mann gab Großer Adler Zeichen, mit den beiden Frauen zu bleiben, wo er war, bis er ins Lager gehen und die übrigen darauf vorbereiten könne, einen Feind im Lager zu empfangen.

Der alte Mann ritt durch das Lager und hielt vor dem größten Wigwam des Dorfes. Bald sah Großer Adler, wie sich Männer vor dem Zelt versammelten. Die Menge wuchs und wuchs, bis das gesamte Lager bei dem großen Zelt zusammengekommen war. Schließlich gingen sie wieder auseinander, holten ihre Pferde, stiegen auf und bewegten sich auf den Hügel zu, auf dem Großer Adler und die beiden Frauen warteten. Sie bildeten einen Kreis um sie und ritten langsam ins Dorf zurück, ein singender Kreis um die kleine Gruppe.

Im Dorf angekommen, zogen sie weiter bis zu dem großen Zelt und bedeuteten Großer Adler, sich auf dem Ehrensitz niederzulassen. Im Dorf gab es einen Mann, der die Sprache der Sioux verstand und sprach. Man schickte nach ihm, und durch ihn legte Großer Adler den Treueeid auf den Stamm der Crow ab. Als dies geschehen war, gab man ihm das Mädchen zur Frau und viele gefleckte Ponys dazu.

Zwei Jahre lebte Großer Adler mit seiner Frau unter deren Volk und nahm während dieser Zeit an vier verschiedenen Kämpfen zwischen seinen eigenen Leuten, den Sioux und den Crow, zu denen seine Frau gehörte, teil.

In keinem Kampf mit seinem eigenen Volk trug er irgendeine Waffe, sondern lediglich einen langen Stock aus Weidenholz, mit dem er die gefallenen Sioux schlug.

Nach Ablauf von zwei Jahren beschloß er, seinem eigenen Stamm einen Besuch abzustatten, und sein Schwiegervater, der ein sehr bedeutender Häuptling war, ließ sofort im ganzen Dorf verkünden, daß sein Schwiegersohn seinen eigenen Stamm besuchen würde und daß sie ihren guten Willen und Respekt vor ihm zeigen mögen, indem sie für seinen Schwiegersohn Ponys brächten, die dieser zu seinen Leuten mit zurücknehmen könnte.

Als man dies vernahm, wurden die Herden beigetrieben, und den ganzen Tag über brachte man Pferde zum Zelt von Großer Adler, und als dieser bereit war, sich auf den Heimweg zu machen, wurden zwanzig junge Männer ausgewählt, die ihn bis in sichere Entfernung von seinem Heimatdorf bringen sollten.

Die zwanzig jungen Männer trieben die ihm geschenkten Pferde, zweihundertzwanzig an der Zahl, bis in eine Entferung von einer Tagesreise an das Dorf von Großer Adler heran, dann sandte dieser sie zu ihrem eigenen Dorf zurück, da er um ihre Sicherheit fürchtete.

Bei seiner Ankunft in seinem Heimatdorf empfing man ihn wie einen von den Toten Zurückgekehrten, da man fest daran glaubte, er sei in jener Nacht, als er das einsame Lager erkundete, getötet worden. Es gab ein großes Fest und Tanz zu Ehren seiner Rückkehr, und die Pferde wurden unter die Bedürftigen des Stammes verteilt.

Nachdem er ein Jahr lang in seinem Heimatdorf zugebracht hatte, beschloß er eines Tages, zum Volk seiner Frau zurückzukehren. Man gab ihm und seiner Frau eine große Anzahl schöner Gewänder, Kleidung, Kriegshauben, Mokassins und eine große Herde Pferde, und er sagte den Seinen auf immer

Lebewohl mit den Worten: „Ich werde niemals mehr zu euch zurückkehren, da ich beschlossen habe, den Rest meiner Tage bei dem Volk meiner Frau zu verbringen.“

Bei seiner Ankunft im Lager der Crow fand er seinen Schwiegervater im Sterben. Einige Tage darauf verschied der alte Mann, und Großer Adler wurde auserwählt, die durch den Tod seines Schwiegervaters freigewordene Position des Häuptlings einzunehmen.

In der Folge beteiligte er sich an Kämpfen gegen sein eigenes Volk und fand in der dritten Schlacht den Tod.

Liebevoll trugen ihn die Krieger der Crow zurück in ihr Lager, und groß war die Trauer im Dorf der Crow über den tapferen Mann, der stets unbewaffnet in den Kampf zog, mit Ausnahme des Weidenstabes, den er bei sich trug.

So endete der Weg eines der tapfersten der Sioux-Krieger, der niemals den Skalp eines Feindes nahm und der aus Liebe zu seiner toten Frau sein Zuhause, Eltern und Freunde aufgab, um durch seinen eigenen Stamm auf dem Schlachtfeld zu Tode zu kommen.

Der Junge und die Schildkröten

Einst begab sich ein Junge auf die Jagd nach Schildkröten, und nachdem er über Stunden verschiedenen Flußläufen gefolgt war, kam er zu dem Schluß, daß der einzige Ort, an dem er Schildkröten finden würde, der kleine See sei, an dem der Stamm sie stets zu jagen pflegte.

So verließ er den Flußlauf, dem er gefolgt war, und ging querfeldein zu dem See. Als er in die Nähe des Sees kam, kroch er auf Händen und Knien, um von den Schildkröten nicht entdeckt zu werden. Diese waren nämlich sehr wachsam, nachdem sie so oft gejagt worden waren. Als er vorsichtig über einen Felsen lugte, sah er viele von ihnen, die sich am Ufer sonnten. Da legte er ganz vorsichtig die Kleider ab, um ins Wasser springen zu können, bevor sie sich verstecken konnten. Beim Ausziehen des Hemdes jedoch streckte er eine Hand so weit nach oben, daß die Schildkröten ihn sahen und mit großem Geplantsche in den See sprangen.

Der Junge rannte ans Ufer, sah jedoch nur noch Luftblasen vom Grund aufsteigen. Unmittelbar darauf sah der Junge etwas an die Oberfläche kommen, und bald wurde es sichtbar. Es war ein kleiner Mann, und bald stiegen Hunderte davon nach oben, schwammen umher und spritzten dabei das Wasser hoch in die Luft. Der Junge erschrak so sehr, daß er nicht einmal anhielt, um seine Kleider anzuziehen, sondern nackt nach Hause rannte und in das Zelt seiner Großmutter stolperte.

„Was ist geschehen!?" rief die alte Frau, aber der Junge war unfähig zu antworten. „Hast du etwas Unnatürliches gesehen?" Er schüttelte den Kopf: „Nein." Er gab seiner Großmutter Zeichen, daß ihn seine stechenden Lungen am Sprechen hinderten, und schlug sich mit geballten Fäusten in die Seiten. Die Großmutter zog ihren Arzneibeutel hervor, sandte ein Gebet zum Großen Geist, um den üblen Dämon auszutreiben, der den Körper ihres Enkels befallen hatte, und irgendwie muß das Gebet erhört und beantwortet worden sein, denn der Junge begann zu erzählen, was er gehört und gesehen hatte.

Die Großmutter ging zum Zelt des Häuptlings und berichtete, was ihr Enkel gesehen hatte. Darauf sandte der Häuptling zwei tapfere Krieger zum See, um sich zu versichern, ob es stimmte oder nicht. Die beiden Krieger krochen zu dem kleinen Hügel nahe dem See und tatsächlich: Der See war voller kleiner Männlein, die umherschwammen und das Wasser hoch in die Luft spritzten. Auch die Krieger bekamen Angst, eilten nach Hause und berichteten auf der Ratssitzung, die bei ihrer Rückkehr einberufen wurde, was sie gesehen hatten. Der Junge wurde in die Beratung gebracht und erhielt den Ehrenplatz gegenüber dem Eingang, und man nannte ihn Wankan Wanyanka – Der-Heiliges-sieht.

Der See hatte zuvor den Namen „See der Wahrheit" getragen, von nun an nannte man ihn jedoch Wicasa-bde – See der Männer.

Weisheit der Indianer

Rudolf Kaiser
Indianische Heilkunst
Pflanzen, Rituale und Heilungsbilder nordamerikanischer Schamanen
Mit zahlreichen Farbabbildungen
Band 4471
Einführung in die Grundlagen einer ganzheitlichen Heilkunst.

Friedrich Abel
Die zehn Lehren der indianischen Medizinmänner
Wie ich in den Canyons von Arizona lernte, lebendig zu werden
Band 4405
Wenn der ehemalige Journalist von Respekt vor Spirituellem statt materiellem Reichtum erzählt, finden auch wir zurück auf den Weg zu uns selbst.

Georg Bydlinski/Käthe Recheis
Die Erde ist eine Trommel
Weisheit der indianischen Ureinwohner Nordamerikas
Band 4245
Lieder, Reden, Gebete, Gedichte und autobiographische Texte zeigen eindrucksvoll den traditionellen Reichtum indianischer Kultur.

Rudolf Kaiser
Indianischer Sonnengesang
Die Weisheit der Erde in der Spiritualität nordamerikanischer Indianer
Band 4143
Die schönsten Zeugnisse indianischer Spiritualität: bewegende Dokumente einer tiefen Einheit von Mensch und Natur.

Rudolf Kaiser
Die Erde ist uns heilig
Die Reden des Chief Seattle und anderer indianischer Häuptlinge
Band 4079
Die Überlebensweisheit einer großen alten Kultur.
„Das ist die Wahrheit über die berühmte Rede“ (DIE ZEIT)

HERDER / SPEKTRUM

Rudolf Kaiser
Indianische Kinder- und Wiegenlieder
Band 4220
Texte aus allen indianischen Völkern und Stämmen.
Mit zahlreichen schmückenden Vignetten.

Rudolf Kaiser
Der Baum, der einem Mann ein Kind schenkte
Indianische Märchen und Mythen aus dem Regenwald
Herausgegeben von Klaus Keplinger
Band 4191
Paradiesische Erzählungen aus dem Volk der Ashininca.
Ein Dschungelbuch zum Verschlingen.

Barbara Gretenkord/Barbara Mainzer/Brigitte Stehlik
Mutter Erde – Vater Regen
Indianische Mythen und Legenden aus Lateinamerika
Band 4332
Zeugnisse einer bedrohten Kultur, Bilder von kosmischer Weisheit.

Kathleen Göpel (Hrsg.)
In dir liegt der verborgene Schatz
Türkische Derwischgeschichten
Vorwort von Omar Ali Shah
Band 4574
Ein Buch, das zum tieferen Verständnis des eigenen Ichs führt.

Kalila und Dimna oder die Kunst, Freunde zu gewinnen
Fabeln des Bidpai, erzählt von R. Wood – Vorwort von Doris Lessing
Illustrationen von Margaret Kilkenny
Band 4515
„Ich möchte den sehen, der dieses Buch in die Hand nimmt und nicht in einem Zug durchliest." (Doris Lessing)

Waltraud Woeller/Matthias Woeller
Es war einmal ...
Illustrierte Geschichte des Märchens
Band 4267

Alles, was man vom Märchen wissen muß: Wesen und Geschichte, Archetypen und kulturelle Besonderheiten. Der Grundstock für jede Märchensammlung.

Rafik Schami
Zeiten des Erzählens
Herausgegeben von Erich Jooß
Band 4259

Rafik Schami kann mit Worten zaubern. Wirklichkeit und Märchen, Vergangenheit und Gegenwart verwebt er zu einem farbenprächtigen orientalischen Erzählteppich.

Rudyard Kipling
Das kommt davon
Die schönsten Geschichten
Band 4206

Geschichten voll heiterer Phantasie: Wie kam der Elephant zum Rüssel, wie das Kamel zum Höcker? Der Nobelpreisträger erzählt.

Idries Shah
Die fabelhaften Heldentaten des vollendeten Narren und Meisters Mulla Nasrudin
Band 4164

Humorvolle und tiefgründige Geschichten, die den Leser in die bezaubernde Welt des Orients entführen.

Thomas Schäfer
Mein allerliebstes Haselnüßchen, ich muß dich knacken
Mann und Frau im Märchen
Band 4083

Eine Entdeckungsreise in die Welt vertrauter Geschichten – und zu den märchenhaften Möglichkeiten der Partnerschaft.

Barbara Gobrecht
Märchenfrauen
Von starken und schwachen Frauen im Märchen
Band 4479
Ein faszinierendes Lesebuch über weibliches Leben.

Ulla Wittmann
Ich Narr vergaß die Zauberdinge
Was Märchen für das eigene Leben bedeuten
Band 4428
Welche Botschaft haben die geheimnisvollen Zauberdinge? Inspiriert von C. G. Jung entschlüsselt die Autorin das verborgene Wissen bekannter Märchen.

Idries Shah
Das Geheimnis der Derwische
Sufigeschichten
Band 4377
Ein Leben lang auf der Suche nach der letzten Wahrheit. Die tiefsten und schönsten Erzählungen der geheimnisvollen Meister aus dem Orient.

Janusz Korczak
Der kleine König Macius
Eine Geschichte in zwei Teilen für Kinder und Erwachsene
Die vollständige Ausgabe
Band 4322
Als Kind schon wird Macius nach dem Tod seines Vaters König. Das erfolgreichste Werk des großen Pädagogen zeigt, wie Kinder Erwachsene sehen und was sie von ihnen und vom Leben erwarten.

Mario Jacoby/Verena Kast/Ingrid Riedel
Das Böse im Märchen
Band 4287
Märchen erzählen immer auch von Grenzsituationen des Lebens. Die tiefenpsychologische Deutung offenbart die verborgene Lebensweisheit des Märchens.